新・エリート教育

混沌を生き抜くために
つかみたい力とは？

FutureEdu 代表理事
竹村詠美

日本経済新聞出版

「天才をつくるのは難しいでしょう。
私たちにできることは、子どもたちにその子が持つあらゆる可能性を
試すチャンスがあることを教えてやるだけです」

マリア・モンテッソーリ

もくじ

第4章 社会が学校をつくる――最先端企業、地域団体、NPO／NGO、行政や大学との連携 155

第5章 日本で広がる全人教育2・0 191

第6章　日本の教育を改新するには何が必要か？　213

文中敬称略
文中のURLは2020年6月末時点の情報です

序　日本の教育は、子どもたちの幸せな人生につながっているか？

5年前、教育に軸足をシフトするまで、筆者はインターネット関連ビジネスという目まぐるしいスピード感で動く業界を中心に、国内外のイノベーターと仕事をしてきた。

21世紀のイノベーションを牽引する米国では、自らの得意分野や個性を磨き、存在しない世界を妄想して、各国の仲間と協働しながらのびやかに新しい価値を生み出す創造性にあふれたリーダーシップを発揮する人（本書ではクリエイティブ・リーダーと呼ぶ）がいたるところで活躍している。筆者の友人、知人も含め、クリエイティブ・リーダーの多くは、社会課題を解決する活動にも積極的に参加している。

2人の子育てをする中、筆者は彼ら、彼女らクリエイティブ・リーダーがどのような教育環境で育ったのかについて強い関心を抱くようになり、コンサルティング業界で鍛えられた調査力と好奇心で世界の教育を探究し始めた。以来、100校を超える欧米やアジアのトップ校・先端校の実践を学び、30校を超える欧米の学校を訪問してきた。

そこで浮き彫りになったのは、今までインターネット業界など変化の激しい業界に限られていたクリエイティブ・リーダーシップの発揮が、あらゆる分野において新・エリートの条件となってきていることだ。

そうしたクリエイティブ・リーダーシップを発揮できる力を身につけるために有効なアプローチが、本書でこれから紹介する、1人ひとりの興味に合わせて心身頭《ハートボディマインド》を統合的にバランスよく育む「ホール・チャイルド・アプローチ（Whole child approach）」という学びの考え方である。

日本の生徒1人あたりの義務教育予算はOECD（経済協力開発機構）加盟国中で15位と高くはないが、[*1] 国際学習到達度調査（PISA）の比較では、数学（6位）と科学（5位）で上位、読解（14位）もトップ10と僅差のレベルであり、従来の教科型教育において、学びの保障を効率よく実現してきたと言える。[*2]

しかし、変化が激しくグローバルな時代に求められるクリエイティブ・リーダーの資質やスキルは、限られた教科のテストで良い点を取る学力だけで育たないことは言うまでもない。またこれから、従来型の学校が抱えるジレンマが一気に露呈するだろうことも容易に想像がつく。

教科で分断した教育の成果を、単元の履修やテストの点数という狭い範疇《はんちゅう》の学力や認知能力にフォーカスしすぎると、2020年から施行された新学習指導要領で提唱されている「主体的・対話的で深い学び」からは遠ざかる。なぜなら「主体的・対話的で深い学び」に達するには、豊かな人格や態度、価値観などのいわゆる非認知能力の育成を必要とするからだ。

これらの力を育むには、外的モチベーション（テストの点数、真正な目的のない大学受験など）ではなく子ども自らが目的意識を持ち、高い内的モチベーションで学校生活に取り組める環境が必要である。すなわちそれがホール・チャイルドの育成にもつながる。

＊1　P268, Education at Glance 2019 OECD Indicators, OECD, https://www.oecd-ilibrary.org/education/education-at-a-glance-2019_f8d7880d-en

＊2　PISA 2018 Results, OECD, Table I, 1, Snapshot of performance in reading, mathematics, and science https://www.oecd-ilibrary.org/education/pisa-2018-results-volume-i_5f07c754-en

例えば、次のような問いにすべて「はい」と答えられる学びの環境が、ホール・チャイルドの育成には不可欠である。

「生徒1人ひとりが学びに目的を見出し、高い次元の思考力を実践する学びの環境になっていますか？」

「子どもたちが先生や生徒たちを心から信頼し、建設的なフィードバックを与え合いながら、自らの高みにチャレンジできる環境になっていますか？」

「生徒が訪問者に尋ねられたら、現在取り組んでいる課題の目的や、社会とのつながりについて説明できますか？」

「様々な表現能力を身につけて、学内外の人たちに発表する機会はあるでしょうか？」

下の表は、従来型の学校とホール・チャイルドを育む環境を概念的に表現したものだが、その違いを少しイメージしてほしい。

新型コロナウイルスの直撃による長期休校は学びのあり方を根本的に問い直す好機となった。筆者が代表理事を務める団体では2020年5月に「コロナ後を見据えた学び」をテーマにイベントを開催したがその際に実施したアンケートでは、「(子どもが) 主体的に学んでくれ

図表1　ホール・チャイルドを育む学校と従来型の学校の環境比較（概念図）

	ホール・チャイルドを育む学校	従来型の学校
授業と社会のつながり	高い	低い
教員間の協働	多い	少ない
学びの個別化	高い	低い
生徒の学習に対する目的意識	高い	低い
心身頭の統合とバランス	高い	低い
生徒の意見の受け入れ	多い	少ない
生徒や教員の創造性の発揮	多い	少ない
高い次元の思考力を発揮する場	多い	少ない
いじめ	少ない	多い

（筆者作成）

ない」「自律的に学びに取り組めない」「関心を持っていることがない」といった悩みの声が数多く寄せられた。一方で、「部活がなくなったので新しいプログラミングに挑戦している」「いきいきと好きなことに取り組んでいる」「学校にはないオンライン授業が受けられて楽しそうだ」といった子どもの新たな成長に喜ぶ声も聞かれた。

インターナショナルスクールや米国の先端校の教員からは自宅でのオンライン学習になったことで、今まで学校で気にかける必要がなかった子が苦心したり、逆に学校になじめなかった子がマイペースに学ぶ機会を得ていきいきとしているという話も聞かれた。

こうしたエピソードは、自律的な学習習慣や自己調整力、探究心などの非認知能力による新しい学びの格差拡大を予見させる。受け身で一方向の学びに終始し、管理されることに慣れている子どもたちが、自学自習のスキルやマインドセットを十分に備えていないのは当然である。

子どもの幸せを望まない教育者や保護者はいないはずだが、幸せな人生の実現を支援するための学校のあり方についての議論は少ない。

新型コロナによる休校を通じて、今までの学びのあり方に疑問を感じる保護者は、一気に増えた。オンライン学習へのアクセス機会の有無もさることながら、子どもたちのモチベーションや好奇心、創造性といった能力の大切さが浮き彫りになったのである。

明治に始まり戦後70年以上の歳月を経て確立した教育観やシステムを進化させるのは、容易ではない。学校の管理職や生徒が入れ替わる中での継続性の担保も難しい。地域コミュニティや教育委員会といったステークホルダー（利害関係者）も関与しながら、それぞれの学校がじっくりとホール・チャイルド・アプローチへの転換を検討すべきだ。

人を育てるのには時間がかかる。通常、改革は3年ほどで多少の成果が生まれ始めるが、学校を変えるには、5〜10年を費やす場合もあるだろう。しかし「一年の計《はかりごと》は穀《こく》を樹《う》うるに如《し》くは莫《な》く、十年の計は木を樹うるに如くは莫く、終身の計は人を樹うるに如くは莫し」（『菅子』[＊3]）と中国古典が伝えるように、百年の計を立てようとするならば、人を育てる以外に方法はない。短期的な成果にとらわれるのではなく、先の見えない混迷の時代をしなやかに、逞しく生きていく力を身につける場所として学校のあり方も進化していくことが今、求められている。

北欧のような高福祉国家と異なり、現在の日本の教育費の脆弱性を考えると、公共予算だけでホール・チャイルド・アプローチを実現することは難しい。地域コミュニティや次世代の人材に期待したい企業がＥＳＧ（環境・社会・企業統治）投資として幼小中高の教育に参画することも大切だろう。後章では、米国での産学民連携の最前線をレポートしているので参考にしてほしい。

地球のどこにいてもハーバード大学やケンブリッジ大学のオンライン授業が受けられる日はもう来ている。素晴らしいことに、子どもたちは世界の最先端教育にアクセスしやすくなっているのだ。この学習環境の大転換を踏まえた上で、学びへの内発的動機にあふれたホール・チャイルドを育むための学校はどうあるべきかを対面授業とオンライン授業を俯瞰的に捉えながら考える必要がある。ホール・チャイルド育成のために子どもたちは何を学ぶのか、誰と学ぶのか、どの

＊3　中国、古代の政治論の書。戦国から漢代の長い時期に徐々に完成されたと考えられる。

ように学ぶのかといったことを今こそ再考しておきたい。

子どもたちの学びに関わるコミュニティでのオープンな熟議を通じて、ホール・チャイルドを育む学びの環境を構築したいと考えている方のヒントになればという想いから本書を執筆した。かなり情報量の多い本となっているが、気になるところから読んでいただける構成にしている。

なぜ、生徒1人ひとりの興味関心や心身頭の健康を大切にするホール・チャイルド・アプローチに米国のトップ校や先端校というこれからのエリートを輩出する教育機関が注目しているのか、その実践にはどのような広がりがあるのか、日本における先端的な事例、そして最後に日本の教育の改新への提言を僭越ながら入れさせていただいた。

従来型の分断された授業にとらわれるのではなく、多様な個性や発達段階にある子どもたち1人ひとりの心身頭の健全な成長にフォーカスしたアプローチに移行することで、生涯にわたる自律的学習者が育つ地盤が形成される。土壌を耕し多様なタネの特徴を尊重しながら成長を支えることで、未来の日本は創造性やイノベーションにあふれ、幸福度の高い国となり得るのだ。

第 1 章

教育目標とエリートの再定義

テストの点数より
人間味あるクリエイティブ・リーダー

「クリエイティブ・リーダーの役割は
すべてのアイデアを手にすることではありません。
みんながアイデアを出すことができ、
役に立っていると思える文化をつくることなのです」

ケン・ロビンソン

情報社会の先にくるSociety 5.0は創造社会

1980年代に米国の陸軍戦略大学校において戦略的リーダーを育てるために考えられたVUCA（Volatile〔激動〕、Uncertain〔不確実〕、Complex〔複雑〕、and Ambiguous〔はっきりしない〕）という言葉は、近年、社会経済の文脈で引用されるようになった造語のひとつだ。グーグルトレンドによると2014年から2020年の間に世界中でこの言葉への関心度合いは7倍に増している。

私たちはVUCAな、先を見通しにくい時代に生きている。

と言われても、これまで、多くの日本人にとってはあまりリアリティが感じられなかった言葉かもしれない。東日本大震災や相次ぐゲリラ豪雨、巨大台風といった自然災害などに見舞われ、地球環境の変化を脅威に感じるようになったとはいえ、日本では、2020年の東京オリンピック・パラリンピックに向け、インバウンドの成長や建設ラッシュなど明るいムードが続いていた。

しかし、新型コロナウイルスによるパンデミック（世界的大流行）の到来で、全国どこにいたとしてもVUCAの4要素と共に生きる生活が新たな日常となった。

これから20〜30年後の予測は立てにくいが、先の見えない社会において、確実なこともある。

それは、ロボットや人工知能（AI）に象徴されるアルゴリズムで動く機械やサービスが、我々の社会のあり方を劇的に変えていくことだ。アルゴリズムの心臓である演算機能、すなわち半導体は、18カ月で演算スピードが倍になるというムーアの法則に近い形でパフォーマンスの向上が続いてきた。現在開発の進む量子コンピューターは、ムーアの法則より速いスピードで演算能力が向上しており、今後も指数関数的に伸び続ける演算能力のニーズを支えると期待されている。すでに世界では我々消費者の生活や産業構造が劇的に変わり始めている。

２００９年に始まった配車サービスのウーバー（Uber）が車を一台も持たずして世界最大の乗車サービスとなり、２００８年に始まったエアビーアンドビー（Airbnb）がホテルを一軒も建てずして世界最大の宿泊サービスになった、という例からも分かるように、人工知能を活用した在庫ゼロのソフトウェアサービスは、今まで以上に勝者に梃子《レバレッジ》の力を与える。またインターネットでつながれたフラットな世界では、国境の壁を乗り越え、良いサービスが拡散しやすく、人気のサービスには世界中から資本が集まることも梃子の力を加速している。

すなわち妄想し、新たなサービスを創造《クリエイト》する力があれば、数年で世界市場を相手にした時価総額１１００億円（10億ドル、以下1ドル＝１１０円で換算）規模のユニコーン企業をつくるのも夢ではないのである（図表2）。

この流れは日本にとってはチャンスでもあり大きな危機であることも意味する。日本は内需が大きく言葉と文化による参入障壁が高いことが国内

図表 2　年度別の新しいユニコーン企業*の件数

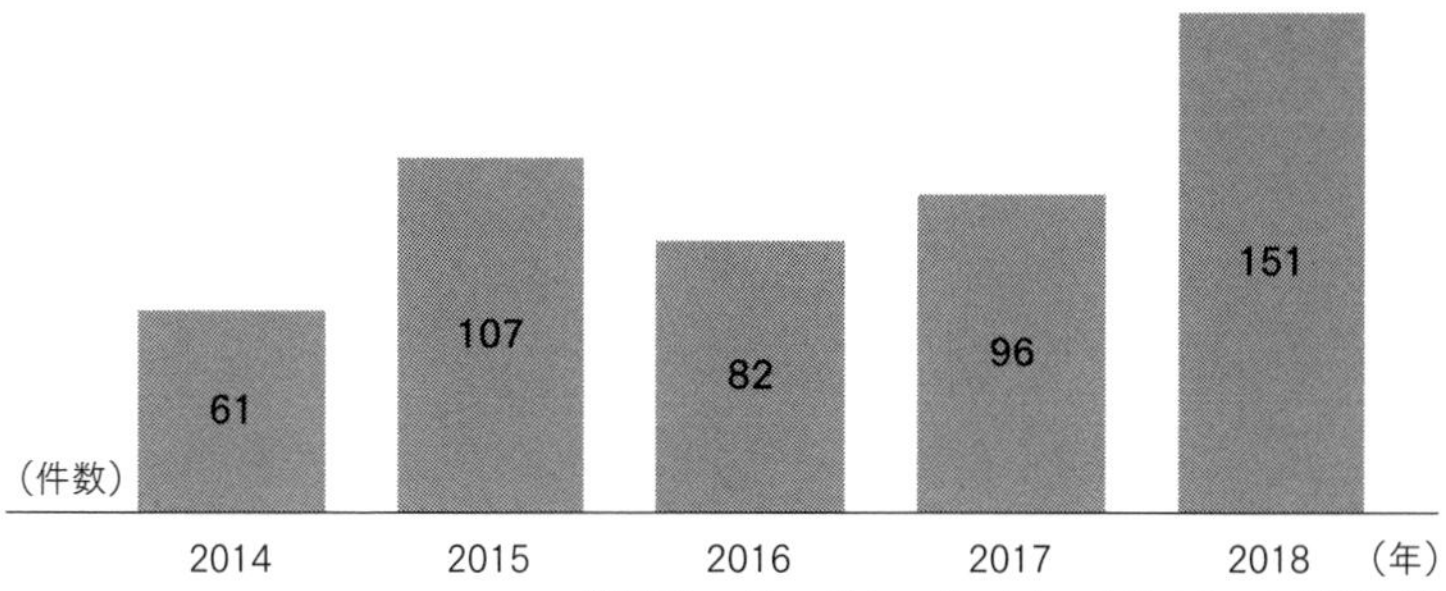

出典：Crunchbase Unicorn Leaderboard, TechCrunch 5/30/2019

*ユニコーン企業とは、時価総額が 10 億ドル（約 1100 億円）を超えた企業を指し、各件数は初めて達成した年をベースとする

産業の大きな支えとなってきたが、アルゴリズムが国境や言葉を超えるこれからの時代は、世界市場との距離は縮まっていく。世界の市場規模で勝負する優れたサービスとの国内での戦いは増えていくだろう。

もちろん日本政府もテクノロジーが基盤となる創造社会の到来を予測して動いている。2016年1月に発表された第5期科学技術基本計画では、Society《ソサエティ》 5.0というこれから向かうべき社会のコンセプトが提唱された。

内閣府の平成30年度年次経済財政報告にも「AI、ロボット、ビッグデータなど近年急速に進展している第4次産業革命のイノベーションを、あらゆる産業や社会生活に取り入れることにより、様々な社会課題を解決するのが『Society 5.0』と記載されている。テクノロジーを活用したイノベーションやスマートシティの創出に向けて産学官民連携を推し進める流れは加速するだろう。我々は社会のパラダイムシフトのど真ん中に生きているのである。

この流れは今に始まったことではない。テクノロジーはいつの世も社会の大きなパラダイムシフトをもたらしてきた。

例えば狩猟社会（Society 1.0）から農耕社会（Society 2.0）に移行し始めた縄文時代晩期、朝鮮半島からもたらされた水田稲作の技術は、社会的剰余を生み出し、農業以外の仕事に専念することも可能になる、社会的分業を促した。

18世紀半ば頃、イギリスから始まった産業革命は、繊維生産の機械化という技術革新や蒸気機関によるパワフルな機械動力の発明で鉄道などの交通機関を生み出し、工業社会（Society 3.0）を創出した。さらに１９９０年代からのインターネットの普及に伴う情報革命は、情報や情報技術の活用により大きな富を生み出した。

ＧＡＦＡと呼ばれる企業群、グーグル（Google）、アマゾン（Amazon）、フェイスブック（Facebook）、アップル（Apple）はすべて、インターネットの恩恵により急成長を遂げ、企業時価総額ランキングのトップ企業の多くが製造業から情報産業に置き換わっている。またスマートフォンやソーシャルメディアの普及により人々のライフスタイルにも大きな変化が生まれ、人々の多くの余剰時間はゲームやソーシャルメディアなど双方向性のある情報のやり取りに費やされるようになった。いうまでもなく私たちは情報社会（Society 4.0）を生きている。

人間の認知的な処理能力をはるかに上回る計算機能を手にした我々は、ロボットや人工知能の力も活用し、未曽有の社会課題に向き合いながら人間らしい豊かさを手にする Society 5.0 へと向かう。これからは旧世代の正解だけに頼っているわけにはいかない。子どもたちには各自の北極星を見定め、コンパスを手に入れて、目的地へ辿り着く方法を考え、実行する行動力が必要なのである。

創造実践学やパターン・ランゲージ、システム理論の専門家である慶應義塾大学総合政策学部の井庭崇教授は、次のように「つくる」力の大切さに言及している。

いま始まりつつあり、これから本格化していくと思われるのが「創造社会」と呼んでいる時代である。「創造」、「つくる」ということが人々の関心や生活における中心的な関心となる時代である。創造社会においては、人々は、自分（たち）がつくりたいと思うものを、自分（たち）でつくることができるようになり、どれだけ自分がつくりたいものをつくれているかが、生活・人生における「豊かさ」を象徴することになるだろう。消費やコミュニケーションは、「つくる」という文脈に取り込まれて、価値を発揮するようになるのである。*1

２０１９年に筆者が仲間と始めた〝Learn《ラーン》 by《バイ》 Creation《クリエイション》（「創る」から学ぶ）〟というイベントも、創造社会の到来に向けて、教育が個人競争に陥りやすいテスト・偏差値偏重型から、協働による創造性を重んじる方向性にギアチェンジすることを、学内外の市民が連携して盛り上げていきたいというムーブメントである。

ウイルスという見えない存在との共存や、待ったなしの気候クライシスといった地球規模の社会課題が山積する一方で、課題を解決するために活用できる人工知能やロボット、ビッグデータを活用した分析や予測の処理能力は加速度的に成長している。課題や解決手法が豊富にある中、最も切実なのは、豊かな人格や失敗を恐れない行動力により、幸せな社会づくりに貢献するクリエイティブ・リーダーの育成である。

*1　井庭崇他（2019）『クリエイティブ・ラーニング――創造社会の学びと教育』（慶應義塾大学出版会）

「創る」という活動はものづくりだけではなく、新たなコミュニティや仕組み、エコシステムをつくるなど、社会への新たな提案やソリューションを「創る」という意味がある。

実際に後述する米国のトップ校や先端校の多くは、新・エリートとなって社会で活躍するクリエイティブ・リーダーを輩出する教育機関として、学びのあり方を模索しながら日々、進化しているのだ。

認知能力から認知＋非認知能力の時代へ

創造社会の到来に向けて、教育の世界において、記憶偏重型からの脱却を提唱する流れは２０００年代から始まっている。

２００２年にテクノロジーの活用による21世紀型教育の実現を提唱するために立ち上がった産学連携団体、「21世紀スキルのためのパートナーシップ（Partnership for 21st Century Skills、略称Ｐ21）」[*2]は、教科にとどまらない、「21世紀学習フレームワーク（Framework for 21st Century Learning）」（次頁の図表3）を考案し、米国で幅広く使われている。Ｐ21は過去５年間に１３００以上の学区や教育長、教育関係のＮＰＯと共に活動を行っている。

21世紀学習フレームワークには、科目の深い知識だけでなく、21世紀テーマとして環境リテラシー、グローバルへの意識、金融リテラシー、健康リテラシー、市民リテラシーといった学際的

＊2　現在は Partnership for 21st Century Learning と呼ばれ、Battelle for Kids という NPO に活動が移管。

なテーマも加わっている。さらに、従来型の認知的な学力とは異なる、人生とキャリアスキル、学ぶ力とイノベーションスキル、情報・メディア・テクノロジースキルという、知識の深いレベルでの理解や活用を実現する３つの新たな資質や能力の分野が提唱されている。特に４Ｃｓという、４つの非認知能力すなわち、コミュニケーション（communication）、批判的思考能力（critical thinking）、コラボレーション（collaboration）、創造力（creativity）から構成される学ぶ力とイノベーションスキルは、これからの時代の読み書き算盤《そろばん》に並ぶスキルとして世界中で注目されている。

　これからの学びに必要な資質やスキルは、「深い学び」「21世紀スキル」「大学やキャリア準備度」「学習者中心の学び」「次世代の学び」「新しいベーシックスキル」「高次元の思考力」と様々な名称で呼ばれているが、いずれも認知能力と非認知能力の双方を必要とする。スキルや行動、特徴、マインドセット、態度（モチベーションや意思）などの非認知能力は、認知能力のパフォーマンスに影響を与える

図表３　21世紀学習フレームワーク

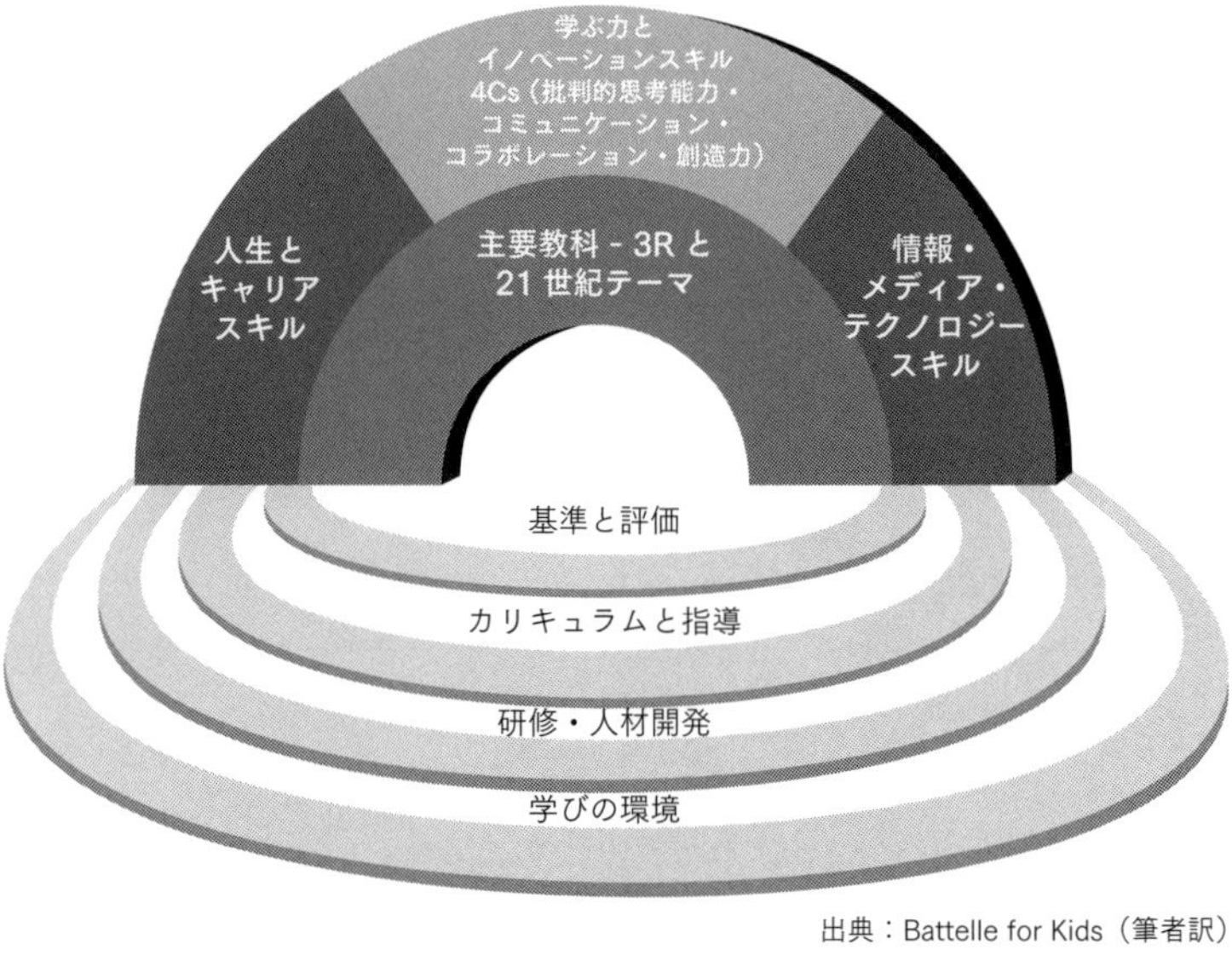

出典：Battelle for Kids（筆者訳）

といわれている。近年、非認知能力の育成と認知的な学力や卒業後の人生における成功などとの関係についての研究も進んでいる。

非認知能力には様々なフレームワークがあり、言葉や定義も統一されておらず、目的によりまとめられ方も異なる。非認知能力に関する７つの論文のメタ分析では、[*3] 中心となる自己評価、[*4] 批判的思考能力、モチベーション、コミュニケーションスキル、対処する戦略力、職業倫理、ウェルビーイング、誠実さ、異文化理解力、時間管理能力、リーダーシップ能力、自己調整能力、好奇心や生涯学習力、創造性やイノベーション、チームワークや協働、反社交的／社交的行動と16もの項目が挙げられている。

学校教育の文脈では、２０１２年のシカゴ大学による調査を紹介しておきたい。[*5] この調査は次頁の図表４に示すような５つの大きな非認知要因を分類し、要因間の相関について仮説を提示しているため、参考までに各要因の詳細を列挙しておきたい。

学業への態度（academic behaviors）――時間管理・出席・注意力・参加・宿題や課題に労力を払うかどうか

学業での忍耐力（academic perseverance）――グリット（やり抜く力）・要領のよさ・報酬を遅らせる・自己管理・自己抑制

学びへのマインドセット（academic mindset）――帰属意識・成長マインドセット・やり遂げられると

＊3　"Non-cognitive Skills and Factors in Educational Attainment" Sense Publishers, Myint Swe Khine et al., Chapter 2 "CONNECTING NONCOGNITIVE DEVELOPMENT TO THE EDUCATIONAL PIPELINE"

＊4　前掲論文より、基礎の自己評価（Core Self Evaluation）とは、統制の所在（locus of control）、自己肯定感（self esteem）、感情の安定（emotional stability）、自己効力感（self-efficacy）を含む。

＊5　Camille A Farrington et al., "Teaching Adolescents To Become Learners. The Role of Noncognitive Factors in Shaping School Performance: A Critical Literature Review." The University of Chicago Consortium on Chicago School Research, June 2012

思う力・取り組みへの価値を見出す
学ぶ力（learning strategies）——勉強するスキル・メタ認知を活用した学習戦略・自立型学習・目標設定
ソーシャルスキル（social skill）——人間関係力・共感力・協働する力・主張する力・責任感

とりわけ「学びへのマインドセット」は最も学校での成績に大きな影響を及ぼすことが指摘され、ウィリアム・アンド・フローラ・ヒューレット財団の「深い学びのフレームワーク」に２０１３年に追加されている。

社会での成功に重要な非認知能力

元グーグルのピープル・オペレーション部シニア・ヴァイスプレジデントのラスズロ・ボックは、ドキュメンタリー映画“Most Likely to Succeed”のインタビューで、グーグル社内での活躍と学業成績の関連が薄いことを次のように述べている。

図表４　非認知的要因が学業成績に与える影響の仮説モデル

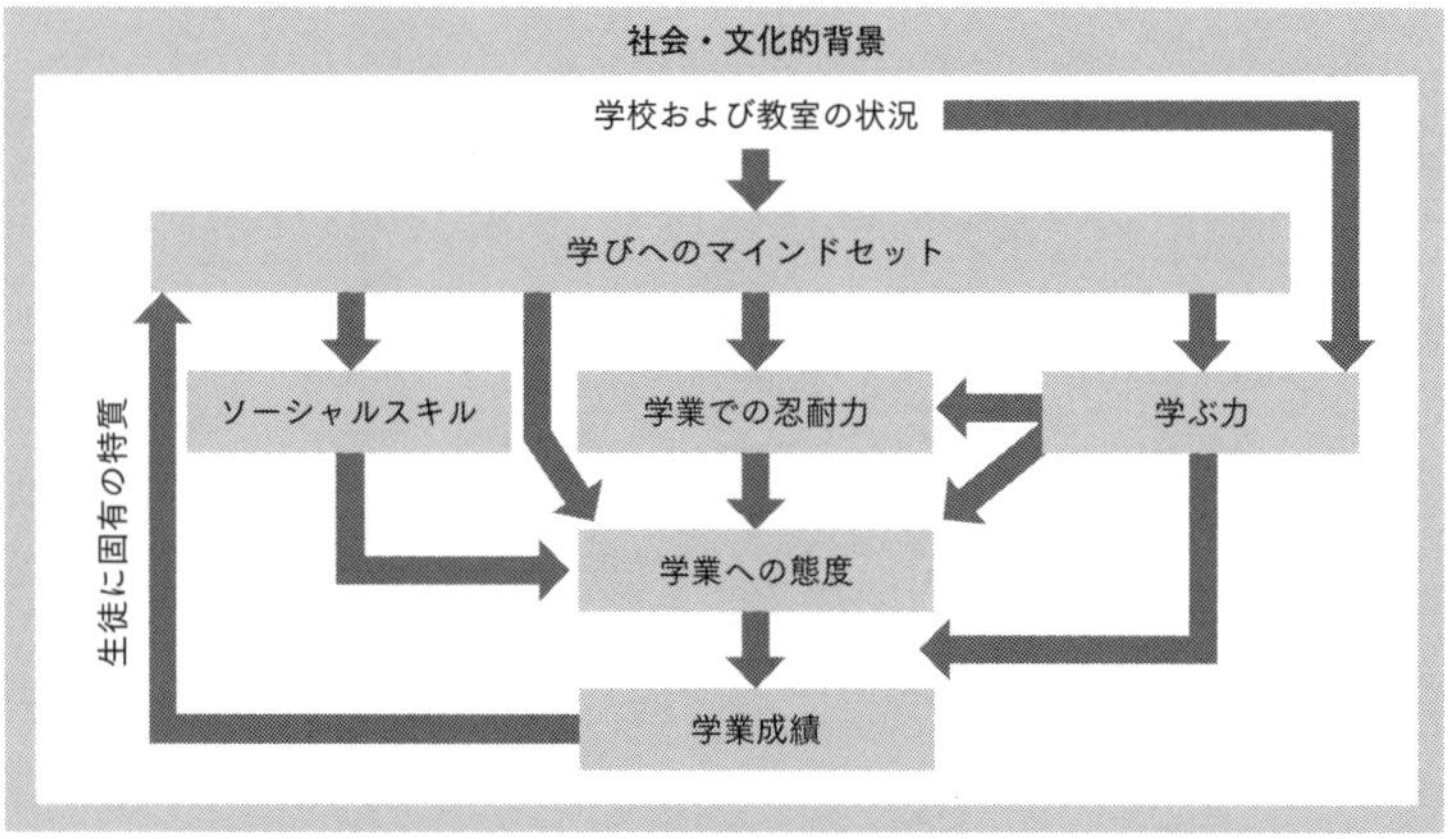

出典：The University of Chicago Consortium on Chicago School Research（筆者訳）

「我々の問題は、優秀な成績を収めている人たちが、一緒に働きたい人たちとは限らないことです。なぜならチームワークが苦手で、協働できないのです。グーグルで最も活躍するスマートな人は、成績が一番良い人ではないのです」[*6]

さらに、ペンシルバニア大学の講演でボックは次のようにも語っている。

「多くの分析から、成績は最初の2年のパフォーマンス予測に少しは役に立ちましたが、キャリア全体で見ると全く役に立ちませんでした」

社会での成功の予測に関しては、様々な調査結果が出ているが、どの研究も非認知能力の重要性を指摘している。

いくつか例を挙げて紹介しよう。

スタンフォード大学のキャロル・ドゥエック教授の研究では、成功因子としてIQより態度の方が強いことが判明した。自分は努力により成長し続けると考える「成長マインドセット（growth mindset）」を持つか、状況を変えることはできないと考えるかという態度の違いが、命運を分けるのだ。すなわち失敗にどう対処するかという能力である。

ペンシルバニア大学のアンジェラ・ダックワース教授の研究では、「グリット（grit）」という粘り強くやり抜く力が人生のあらゆる成功を決めると提唱している。やり抜く力というのは日本流の我慢とは異なる。自分が設定した大きな目標に向かい、レジリエンス（回復力）を持ち、たゆまぬ努力を続ける資質を指し、情熱と我慢が同時に維持できる状態である。

＊6　https://vimeo.com/ondemand/mostlikelytosucceed

我慢はグリットの実践プロセスに必要なひとつの要素であるが、それだけでは燃え尽きて（バーンアウト）しまう。

ユニバーシティ・ベンチャーズ（University Ventures）のキャシディ・レベンタールによると、正直さは、職場での成功を最も予測する因子となることがある調査で分かっているそうだ。[*7] なぜなら、正直な人は良心が強く頼りになるからである。このほか、クローズドではなく、オープンなネットワークを持つことが、仕事の成功での最も強い予測因子になると言われている。[*8] 今まで挙げた例は、いずれも非認知能力が大きな役割を果たしている。

世界のトップ企業が評価するスキルも非認知能力を重視する方向に向かっている。

各界のリーダーたちが連携して世界情勢の改善に取り組むことを目的とした国際機関ワールド・エコノミック・フォーラム（World Economic Forum）の2016年版「仕事の未来レポート（The Future of Jobs Report）」では、問題解決能力だけでなく、批判的思考能力やクリエイティビティ（創造性）が2020年のトップ3スキルになると予測されていた（図表5）。

図表5　2020年に雇用主が求めるスキル

2020	2015
1.　複雑な問題解決	1.　複雑な問題解決
2.　批判的思考能力	2.　他者との協働
3.　クリエイティビティ	3.　人材管理
4.　人材管理	4.　批判的思考能力
5.　他者との協働	5.　交渉力
6.　感情知性	6.　品質管理
7.　判断と意思決定	7.　サービス思考
8.　サービス思考	8.　判断と意思決定
9.　交渉力	9.　傾聴力
10.　認知柔軟性	10.　クリエイティビティ

（筆者訳）

出典：The Future of Jobs Report 2016, World Economic Forum

すでに米国の先端企業では、従来型の学力評価だけではトップ人材を雇うことができないという認識の下、採用プロセスの改革に取り組んでいる。金融界のトップ企業、ゴールドマン・サックスでは、一次面接は投稿型のビデオ面接を行うことで、同社が重視する10の資質の中でも分析的思考や誠実さといった6つの資質を評価している。投稿型のビデオ面接という非同期の手法をとることで、時間や場所に制限されず世界中の才能が同社に応募することが可能となった。*9

フェイスブックの人材部門長（2017年時点）のローリー・ゴーラーによると、応募者の強み、自らを生み出す力、困難を乗り越えて学ぶ力の3つの観点から全ての応募者の同社での活躍の可能性を評価しているという。*10

宇宙航空会社のスペースX（Space X）では大学の卒業資格を問わない。なぜなら、マイクロソフト（Microsoft）創業者のビル・ゲイツもアップル創業者のスティーブ・ジョブズもグーグル創業者の1人であるラリー・ペイジも大学や大学院を中退しているからだそうだ。イーロン・マスクCEOは学歴より卓越した能力を重視しており、「私が面接をするときはキャリアについて聞きます。どのような困難に立ち向かい、肝心なときにどのような意思決定をしたのかでその人について十分な直感が得られます」と2014年のインタビューで答えている。*11

伝統的企業とも言えるIBMも学歴不問の採用を始めている。特にIT分野のポジションで学歴ではなくスキル採用に注力している。2017年時点で10～15％の新入社員は4年制の大学卒業者ではなかった。*12

＊7　https://www.bloombergquint.com/gadfly/resumes-are-a-terrible-way-to-hire-people
＊8　https://www.forbes.com/sites/michaelsimmons/2015/01/15/this-is-the-1-predictor-of-career-success-according-to-network-science/amp/?__twitter_impression=true
＊9　Your Approach to Hiring Is All Wrong, Harvard Business Review, May-June 2019
＊10　Inside the Recruitment Process, Process.st, (2017/11/17)
https://www.process.st/recruitment-process/

新しい教育の動きと関連する4つの経済・社会的変化

教育のあり方を考える上で、子どもたちが立ち向かっていくこれからの社会の解像度を上げる4つの観点を紹介しておきたい。すなわち（1）Society 5.0到来による業界地図の塗り替え、（2）気候変動危機が求める行動力、（3）VUCAな世の中で求められる政治のリーダーシップ、（4）終身雇用の終わりと自分でキャリアをデザインする力、というこれからの社会に出る人たちが知っておくべきポイントでもある。経済・社会的事象に知見が深い読者には既視感があるかもしれないが、その場合は先の章に読み進めていただいて構わない。

1. Society 5.0到来による業界地図の塗り替え

前述した通り、Society 5.0とは社会のインフラがソフトウェアのアルゴリズムで動く時代である。素早い変化や正解のない問いに挑めるマインドセットとスキルが、付加価値の高い仕事に就けるかどうかの必要条件となる日が訪れている。

実際には、どのような変化が起きるのか。一歩早く業界地図の塗り替えが進行している米国の金融業界で起こったことを振り返ってみる。

＊11　https://www.bloombergquint.com/gadfly/resumes-are-a-terrible-way-to-hire-people
＊12　https://www.fastcompany.com/3069259/why-more-tech-companies-are-hiring-people-without-degrees

金融業界は基幹産業の中でもソフトウェアによる取引や事務作業のオートメーションが比較的早くから進んだ。米国中西部の金融ハブであるシカゴは、小麦やコーン、牛や豚といった商品取引の市場として1848年に結成されたシカゴ取引所と1874年に結成されたシカゴ商品取引所（のちにシカゴ・マーカンタイル取引所）を発祥とする歴史のある土地である。

これらの取引所は、フットボール選手のようなアスリート男子が30カ所以上のトレーディングフロアにひしめき合い、公開セリの売買方式で取引を行っていた。1997年には1万人いたフロアトレーダーは、10年後に10％以下の人数となった。2012年の段階で、米国の市場取引の85％がソフトウェアのアルゴリズムによる取引だと推定されている。

また、数百万の商品数があり今まで自動化が難しいといわれていた債券投資の世界でも同様のことが起こっている。「フィナンシャル・タイムズ（FT）」によると、アライアンス・バーンスタイン（Alliance Bernstein）というニューヨークを拠点に55兆円を管理する投資会社では、2017年からアビーというソフトウェアが債券取引を始め、3カ月で2兆円の取引を成立させ、会社の3分の1の取引を担うようになったという。「12名いるアシスタント・ポートフォリオ・マネージャーの仕事をアビーがやってのける日は近い」と記事は伝える。[*13]

金融の世界で起こったソフトウェアによる自動化は、従来型のトレーディングの時代とは異なる人材がアルゴリズムを作成する立場として業界に参入することを可能にした。アスリートトレーダーが市場を形成する時代は終わり、数学の博士号を持つ社員や統計学の専門家、プログラマ

＊13　https://www.ft.com/content/67e48ae4-4fab-11e8-9471-a083af05aea7

ーが作成するソフトウェアアルゴリズムが主役となっているのである。

金融と同様の流れは、あらゆる基幹産業で起き始めている。

宿泊業界もインターネットで宿泊の予約から登録までが完結できる民泊サービスであるエアビーアンドビーが2008年にスタートしたことで業界地図が変わっている。宿泊先として従来のホテル・宿泊業界に個人の空き部屋が大量に投入されることになった。エアビーアンドビーは2007年にサンフランシスコの高額の家賃に苦しんでいたルームメイト3名が、産業デザインのカンファレンスでホテルの部屋が不足しそうな時期にソファを貸し出してみたら需要があったことをきっかけに始まったスタートアップである。創業後10年経ち、米国の宿泊業界の19%を占める世界最大の宿泊サービスに成長した。創業者のうち2人はデザイナーで、宿泊業界の経験など全くなかったが、使いやすいソフトウェアをデザインし、多様なチームでサービスをつくり上げるクリエイティブ・リーダーシップの力を発揮したのだ。

小売の業界も、アマゾンが1996年にオンライン書店をスタートした第一次ドットコムバブル以来、ソフトウェアにより業界地図が塗り替えられている。アマゾンのCEO、ジェフ・ベゾス自身は金融業界の出身で、小売の経験はなかった。しかし、消費者視点を第一にオンラインでの顧客体験を創造し、早いスピード感で改善し続けることで、世界最大規模の小売ビジネスを築きあげた。電子書籍や古書など、既存の業界のしがらみでは積極的になりづらいカテゴリも、消費者視点に立つことで推進する意義が成立する。過去の成功論理にとらわれないクリエイティブ・リーダーの凄さである。

Society 5.0の時代には、金融、宿泊、小売の業界で起きている業界地図の更新があらゆる業界で起こる。国境や業界を超えた協業も競争も進んでいく。業界地図が塗り替わる時には、求められる人材やスキルも大きく変化するし、成功への道のりも変わる。

デジタルネイティブと言われる世代の若者たちは、アルゴリズムの奴隷となって人工知能に使われる側になるのか、ソフトウェアのアルゴリズムをデザインしたり、新規事業やサービスを考えるクリエイティブ・リーダーの立場になるのか。生み出す付加価値で収入が大きく分かれる超・格差社会が到来しつつあるのである。

2. 気候変動危機が求める行動力

「人と違っているのはギフトだと思っています。なぜなら人と違うものの見方ができるからです。私は簡単に嘘に騙されないし、真実を見極められるのです。みんなと同じだったら、学校ストライキは始めてなかったでしょう」[*14]

こう語るのは、当時16歳だったスウェーデンの若き環境活動家、グレタ・トゥンベリである。

2018年8月に彼女は1人で金曜日に学校を休み、議会前で気候変動への対策を求めるストライキを始めた。これはのちに「未来のための金曜日（Friday for Future）」というムーブメントと

＊14　https://www.bbc.co.uk/newsround/47467038

なり、1年後の2019年9月には、150カ国で2500のイベントが自主開催されるまでになった。ニューヨークの公立校では、110万人を超える若者がグローバル気候マーチへの参加の許可をもらい、東京では約2800人がこの行動に参加したそうだ。

トゥンベリは発達障害の一種、アスペルガー症候群であることを公表している者である。スティーブ・ジョブズなどシリコンバレーのCEO経験者にもアスペルガー症候群は平均より多いと言われているが、強いこだわりを貫く姿勢は共通している。

彼女のように自分の個性を強みとして認識し、周りの目を気にせずに、大きな目標に向かってたゆまぬ努力をする力こそ、先述した人生の成功を分ける大きな因子のひとつと言われる「グリット」という非認知能力である。

「気候変動危機は深刻な危機だと捉えて我々に未来をください」とシュプレヒコールを上げ続けるトゥンベリは、世界の教育関係者がお手本にしたい若きクリエイティブ・リーダーの1人といっても過言ではないだろう。

2018年10月に発表された気候変動に関する政府間パネル（Intergovernmental Panel on Climate Change、略称IPCC）によるレポートは、このままだと2030年には世界全体の平均気温の上昇が努力目標の1・5度に到達する可能性が高いことを指摘した。

2020年に生まれる子どもが小学4年生になる頃には、不可逆の気候変動に陥る可能性が十分にあるということである。「ザ・ペンシルバニア・ガゼット（The Pennsylvania Gazette）」202

0年1・2月号の記事によると、今後、都会に住む4億人に影響を与え得る干ばつが到来する、海面上昇により1億5000万人が移住を余儀なくされる、世界人口の8%が水不足に直面する、8%の昆虫や16%の植物が生息地域の半分を失う――など、気候変動により世界が大混乱する可能性が指摘されている。[*15]

日本でも2019年秋、初のラグビーワールドカップ開催期間中に、大型台風が首都圏に甚大なる被害をもたらしたことは記憶に新しい。地球の危機まで、すでにあと10年かもしれないというカウントダウンに入った今、子どもたちが身につけるべき最も大切な力のひとつは、この危機を食い止めるためにできることを考え行動する力だということに異論はないだろう。短期的には風が吹けば桶屋が儲かる的に富を蓄える人や企業もあるかもしれないが、不可逆の気候変動が起きた時に長期的に得をする人は誰もいないからだ。

教育現場は気候変動危機へのアクションを考え実行する場としては最高の場である。企業の営利的な利害関係がなく、子どもたちのエネルギーを知識やスキルで教員がサポートできる。最近は学校に貢献したい社会人も多い。デジタルネイティブの子どもたちは大人顔負けの発信力で、世界中の子どもたちとつながり、協働できる可能性も秘めている。年功序列文化が根強い日本では若者の意見が軽視されやすいが、トゥンベリのような若者がどんどん出てくることを大人世代が応援すべき時代でもある。

＊15　https://thepenngazette.com/

3. VUCAな世の中で求められる政治のリーダーシップ

新型コロナ危機における有事対応が世界各国で異なる中、日本の政治的リーダーシップは厳しい評価を受けている。2020年4月にシンガポールのブラックボックス・リサーチ（Blackbox Research）とフランスのトルーナ（Toluna）が共同で実施した23カ国調査[*16]では、日本のコロナ対策に対する評価の総合指数が16と、中国（85）やベトナム（77）、ニュージーランド（56）などに大きく劣る結果となり、政治の対応においては、5%の回答者のみが高い評価を行うという調査対象国で最下位の結果となった。

国内においても2020年5月末のFNN世論調査で、内閣の支持率36・4%に対して不支持率52・5%と逆転現象を起こしている。自粛に対する対応の曖昧さや不十分さ、情報の透明度の低さ、休校対策での学びの環境格差など、国民の不安が解消されていないことが厳しい評価に表れている。

一方で、コロナウイルスの早期封じ込めに成功した台湾、ニュージーランドやアイスランド、そして国民への素早く手厚い保護で高い評価と信頼を得たドイツは、対応の迅速さやコミュニケーションの明確さ、補償の手厚さ、検査を含む適切な医療へのアクセスといった、国民の命を経済面と医療面から守る姿勢が評価されている。

台湾では2020年1月からマスクのニーズを予測して7億円を投じ、生産量を180万枚か

＊16　https://blackbox.com.sg/everyone/2020/05/06/most-countries-covid-19-responses-rated-poorly-by-own-citizens-in-first-of-its-kind-global-survey

ら800万枚まで増加した。さらにITのシステムを開発することで、マスクの流通を管理したり、感染者の追跡調査を行い、医療従事者の負担を減らすことに成功しているそうだ。[*17]

今後、不測の事態は、天災も含めて起きるであろう。そのような時に、国民の命を最優先に、高いコミュニケーション力と協働体制を構築し、ITも活用しながらスピード感とスケール感をもって課題を解決していく力がさらに求められる。日本は超高齢社会である上に、若者の投票率が低いこともあり、デジタルネイティブ世代の意見や行動力が政治に取り入れられにくい。しかしトゥンベリの例に見られるように、クリエイティブ・リーダーがソーシャルメディアも活用しながらメッセージを拡散することで、政治のリーダーシップの刷新にも影響を与えられることは分かってきた。

世界中で21世紀型ムーブメントを展開するパーパス（Purpose）CEOのジェレミー・ハイマンズらは、従来型のオールドパワーに対して、ニューパワーが台頭していることを『NEW POWER』で提唱している。ボトムアップであり仲間主導型で、多くの人と共に、オープンな形でムーブメントを盛り上げていく価値観を持つ、ニューパワーマインドのミレニアム世代やアルファ世代の若者は多い。

現状を変えたいと願うオキュパイ（Occupy Wall Street）運動[*18]や、ブラック・ライブス・マター（Black Lives Matter）運動[*19]が無視できないものに発展したように、日本でも、より多くの若者が、創りたい未来を熟議し発信することで、今後の政治のあり方に一石を投じてくれることを願う。

＊17　https://www.dw.com/en/taiwan-coronavirus/a-52724523
＊18　2011年9月17日から米国ニューヨーク市マンハッタン区のウォール街で発生した経済界、政界への抗議運動。
＊19　アフリカ系アメリカ人に対する構造的差別や暴力の撤廃を訴える運動。

4. 終身雇用の終わりと自分でキャリアをデザインする力

２０１９年は日本の終身雇用伝説の終わりを感じさせる出来事が相次いだ。経団連（日本経済団体連合会）の中西宏明会長による「正直言って、経済界は終身雇用なんてもう守れないと思っているんです」という発言に代表されるかのごとく、富士通、ファミリーマート、エーザイ、味の素、東芝などの大企業は次々と早期退職の募集を始めた。早期・希望退職者の募集は今に始まったことではないが、東京商工リサーチの調査では、２０１９年の１～11月には36社、１万１３５１名の募集があり、過去5年間では、最大規模となった。将来の市場環境を見据えた「先行型」の早期・希望退職の募集や、今後求められてくるスキルを持つ人材を確保するために、既存事業の見直しを進める企業も多いようだ。雇用主の立場から考えると国内市場の成熟化により終身雇用の見直しは迫られている。

実際パート・アルバイトのほか、派遣社員、契約社員、嘱託といった非正規雇用者は２０９０万人と過去30年間で最大の人数となった。新型コロナ感染に起因する経済活動の自粛により、倒産や業績悪化はこの傾向に拍車をかける可能性も大きい。

求められる〝キャリア自律〟力

子どもたちの将来の幸せは、学校での教育機関を終えた後にどのようなキャリアを形成できるかで大きく変わってくる。

日本総研の山田久理事（現・副理事長）は自分がやりたい仕事を手に入れたり、キャリアアップするためには、「〝キャリア自律〟が求められている」とウェブメディア「Business Insider Japan（ビジネス・インサイダー・ジャパン）」の取材で答えている。[*20] キャリア自律とは、働き手が特定分野のプロとして、スキルを磨きながらキャリアを積んでいく、多くの外資系企業に勤める人間が実践している働き方である。

筆者も外資系企業を中心に、これまで、起業を除き6回の転職を経験した。どの職場でもかけがえのない仲間との出会いや学びがあり、今もプロジェクトなどで一緒になることも多い。決して大学で成績が優秀だったわけでもなく、英語のクラスで落第しかけたこともあるが、世界への興味から英語を使う仕事に就きたいという想いが自然と努力につながり、今ではよく帰国子女と間違えられるようになった。

キャリア自律で大切なのは、自分の特徴や特性を受け入れた上で、自らのキャリアをデザインする働き方や、Win-Winの関係性をつくる対人スキル、自らのスキルや知識を伸ばし続けるために生涯学び続ける力である。これらの資質やスキルは非認知能力であり、反復ドリルや記憶型

*20　https://www.businessinsider.jp/post-192264

の宿題で身につくものではない。

書籍『ライフ・シフト』が日本でも話題になったロンドン・ビジネススクールのリンダ・グラットン教授は「日本経済新聞」（2016年11月7日電子版）の取材に次のように答えている。

「20世紀には、人生を教育のステージ、仕事のステージ、引退のステージの3つに分ける考え方が定着した。引退生活を年金や貯金などが支え、多くの人はお金の心配をしなくてもよかった。100年ライフの時代に引退年齢が変わらなければ老後資金は足りない。3ステージの考え方は通用しなくなる。そこで提案したいのが、『マルチステージ』の人生だ。仕事を長期間、中断したり、転身を重ねたりする。生涯を通じて様々なキャリアを経験し、3ステージの呪縛から自由になるのだ。長い人生の恩恵を最大にするには、柔軟性、新しい知識、新しい思考法、新しい人的ネットワークなどが必要になる」

ここでも非認知能力の大切さが浮き彫りになっている。

新しい働き方として、フレキシブルで、短期のフリーランス的な働き方を指すギグエコノミーでの就労や、自ら会社やNPOを始めるというキャリアもある。米国では平均寿命が100年と予測される前から雇用の流動化が進んでおり、社会保障が脆弱なこともあり、雇用主に振り回されるのではなく、副業も含めたキャリアを構築する人が増えている。インターネットを通じた配車・配達サービスや、ウェブサイトの制作やカウンセリング、アドバイザリーといったビジネスサービスが急激な広がりを見せる中、短期のフリーランス的な仕事も急激に成長した。

今まではそのような仕事を定期的に見つけることが困難だったが、依頼者と提供者をマッチングするアプリの成長に伴い、定期的にギグエコノミーに参画することが容易になった。米国最大の配車サービスであるウーバーの運転手は、専業者だけでなく、学生や老後の年金生活者、副業など様々な目的で働く人がいる。

米国の世論調査会社ギャラップ（Gallup）の2018年の調査によると、米国の労働人口の29％が何らかの形でギグエコノミーに参画しているそうだ。そこには、24％のフルタイム労働者と49％のパートタイム労働者を含む。ギグワーカーにはフリーランサーとして独立して働いている「自律（インディペンデント）」タイプと、派遣労働者的な「臨時（コンティンジェント）」タイプがある

そうだが、自律タイプのギグワーカーは、一般的な社員労働者と比べて情熱を持って仕事に取り組み、自由やフレキシビリティ、自己コントロール、クリエイティブといった側面で高い満足を感じており、これからの自律した生き方の一例を示している。

ウィーワーク（We Work）などのコワーキングスペースが世界中に増加しているのは、ギグエコノミーの成長を反映しているといっていいだろう。一方で新型コロナ感染防止対策としてのロックダウンや副業自粛に伴い、米国で1000万人以上が失業申請をするという未曽有のレイオフ（一時解雇）が実施されたようにギグエコノミーの担い手は脆弱である。そのため、常に学び直し、新たな環境に対応する学習能力とレジリエンスが求められる。

起業という選択肢で遅れをとる日本

自分のやりたいことを実現する挑戦として起業という道も拡大している。インターネットを活用した新技術やサービスが世界経済を塗り替えている中、テクノロジーを活用し、短期での規模拡大を実現する起業家の成長をサポートする投資や教育のエコシステムが急速に広がっている。

２００５年に初期段階の企業をサポートするＹコンビネーター（Y Combinator）が初のアクセラレーター（起業支援の一形態）を始めた後、リーマンショック前には16だった米国のアクセラレーターの数は２０１５年には１７２まで増えている。リーマンショックで従来型の仕事への魅力が減少する一方、フェイスブック、エアビーアンドビー、アマゾンなどテクノロジースタートアップの成功事例が過去20年に積み上がり、起業をするためのコストも下がっている中、アクセラレーターへの関心は高まっている。

現在30～40代の２０００年前後に成人したミレニアム世代は、目的志向や社会貢献意欲が強いことも、起業への高い関心につながっている。グローバルな経済教育団体ジュニア・アチーブメント（Junior Achievement）とアーンスト・アンド・ヤング（ＥＹ）の２０１８年度調査では、米国のティーンの41％は起業をキャリアとして考えると回答。またグローバル・アントレプレナーシップ・モニター（ＧＥＭ）の調査によると初期段階の起業家は、２００２年の10・５％から、２０１８年には15・６％に増加し、起業をキャリアの選択肢と考える人が増えていることが分かる。

日本は2002年の1・8％から2018年には5・3％に拡大しているが、調査国48カ国中44位と低迷している。起業（を支援する）フレームワーク状況調査の54カ国評価では、日本における学齢期の起業家教育や起業についての文化や一般認識がGEM平均より下回っており、学齢期に起業家マインドを醸成することにより起業家が増える可能性を示唆している。

終身雇用に期待できない現在、仕事が与えられるのを待つのではなく、キャリアを自らデザインしていく主体性や自律の力といった非認知能力は、新・エリートにとってVUCAの中でしなやかに生きるための必須スキルでもある。

＊

Society 5.0へと進化していく中で、あらゆる業界はソフトウェアのアルゴリズムによる超高速問題解決能力を活用する方向に向かう。

しかし、テクノロジーを使いこなしながら新たな価値提案を行い、創造的に社会課題を解決する起業家やクリエイティブ・リーダーはまだまだ少ない。企業側もリモートワークを含め働き方の大きな転換が迫られる中、より失敗を恐れずに新たな価値創造にチャレンジする人材が求められている。社会が求める人材という観点からも教育のあり方が変わるべき時が来ている。

世界のトップ企業は、来るべき時代に備えるために、新・エリートとしてのクリエイティブ・リーダーの採用を始めており、米国の教育界は、前述の「21世紀学習フレームワーク」の提唱などの動きにより、従来型の認知教育から認知＋非認知教育への移行を推進している。第2章では、認知＋非認知教育の土台となるホール・チャイルド・アプローチの考え方を紹介し、それがなぜ有効なのかを解説していく。

第２章

学力絶対主義からホール・チャイルド・アプローチへのパラダイムシフト

「少しずつ徐々に改善していくわけじゃないだろう。
根本的なパラダイムシフトを起こすんだ。
そうしたら、指数関数的なインパクトが出せる。
今より大変かもしれない。でも、うまくいけば、
究極的には計り知れないほど大きいものがつかめるはずさ」
スティーブ・ケース

個人を標準に近づけることで発展した近代社会

米国では19世紀の半ばまで、教育は家庭や教会に任されていた。18世紀後半のニューイングランドでは、男性の80％以上と50％以上の女性は読み書きができたと伝えられているが、[*1] 何をどのように学ぶかについて行政は関与していなかった。

1852年に米マサチューセッツ州が初めて小学校の義務教育法を施行し、1918年までに米国全域で小学校の義務教育化が実現した。折しも英国で始まった産業革命が米国に伝播した時期である。

産業革命で大量の移民や農場出身者が採用される中、工場における生産性を上げるために、分析や統計的な考えを持ち込み、プロセスを「標準化」するという今では当たり前とも言える概念を生み出したのは、フレデリック・W・テイラーである。

元々は機械エンジニアとして高校卒業後に就職したテイラーは、生産プロセスのすべてに最適な方法を事前に策定し、そのプロセスに従業員が合わせることで生産効率を上げることに成功した。1911年に出版した『科学的管理法』(原題：The Principles of Scientific Management) は12カ国語に翻訳されるベストセラーとなり、経営コンサルタントの父の1人として、ハーバード大学経営管理学修士プログラムの開発やマッキンゼー・アンド・カンパニーの創立、ガントチャートで知られるH・L・ガントの研究などに影響を与えている。

＊1　Kenneth Lockridge (1974), Literacy in Colonial New England; An Enquiry into the Social Context of Literacy in the Early Modern West, WW Norton & Co Inc.,

テイラーの科学的管理手法は、マネージャーという職種を生み出した。訓練されたマネージャーと実行者である労働者を分断することで、労働者は独自の判断で行動するのではなく、標準化されたプロセスの中でマネージャーが決めた通りに実施することが望ましいとされた。

１９００年には米国人の高校卒業率が約６％で、[*2]大学卒業率は約３％[*3]だったことを考えると、一部の教育水準の高い人間がマネージャーの役割を担い、科学的な経営手法で工場経営を管理するというシステムを中心とした考え方は、作業効率や生産性を高める仕組みとして、工業社会の急速な発展に寄与した。一方で、このシステムでは、マネージャーにとって平均的な能力を持った労働者が理想の労働者とされた。個人としての特性は、逆にシステムを阻害する要因であり、与えられた目標にできるだけ近い形で再現できることが求められたのである。

ハーバード教育大学院の講師トッド・ローズによる『平均思考は捨てなさい』（原題：The End of Average）では、ジョン・D・ロックフェラーが、テイラーの影響を基にした公教育のビジョンを次のように語っていたと紹介されている。

「我々は、彼らや彼らの子どもたちに哲学者や学習者や科学者になって欲しいわけではありません。また著者や弁論者や詩人や文人を育てようとしているのでもありません。素晴らしいアーティストや画家、音楽家の卵を見つけるわけでもありません。弁護士や医者、宣教師、政治家、行政管理者などは十分にいます。我々に課せられた仕事はとてもシンプルかつ美しいことです。子どもたちを小さなコミュニティに組織し、彼らのお父さんやお母さんが不完全にしかできなかっ

＊2　Kenneth A. Simon and W. Vance Grant, Digest of Educational Statistics, Office of Education, Bulletin 1965, No. 4, Washington, D.C., U.S. Government Printing Office, 1965
＊3　US Department of Education, 120 Years of American Education: A Statistical Portrait, 1993

たことを完璧にできるように教えるのです」

ここにおける「完璧」の意味は、マネージャーが決めた目標の達成である。

完璧な工場労働者とは、時間通りに出勤して、上司の言うことを聞いて実行できる人材であった。[*4] それまでは、自宅や地域コミュニティで働くことが主流だったため、時間が拘束され、他の人の命令で働くというのは革命的なカルチャーショックであり、学校教育を通じて工場労働のスタイルに子どもたちが慣れることが望まれた。

当時は教育のスタンダードは存在しておらず、地域によって子どもたちの知識レベルにかなりの差が生じていた。そこで、19世紀中頃から始まった公教育の設計において、現ポーランド北部からカリーニングラード州（ロシアの飛び地）、リトアニアにかけて広がる地域であるプロイセンによって世界で初めて手がけられた公教育モデルが参考にされた。プロイセンのモデルとは、子どもたちが年齢ごとの学年に分かれ、科目ごとに決められた標準的なカリキュラムをこなしていくといった、近代教育として世界中に広がり、現在も多くの国で続いているやり方である。

このモデルは標準化された学校の仕組みを展開することが可能であり、全国のどの学校にも平均的な学力水準、社会性や倫理観を期待できるという点で多くの資本家の支持を得た。工場がどの土地にあったとしても、読み書き計算ができ、時間通りに出社して真面目に働いてくれる人材が確保できるというのは当時画期的なことだったのである。授業の終了時にチャイムが鳴るのも、工場での実態を模していた。まさにテイラーの科学的管理手法を用いた教育である。

＊4 https://qz.com/1314814/universal-education-was-first-promoted-by-industrialists-who-wanted-docile-factory-workers/

その後、米国では南北戦争後に公立高校に通う子どもが増えてきたこともあり、１８９２年に国立教育協会の依頼により、当時のハーバード大学学長のチャールズ・エリオットを中心として、主に10名の大学教授とエリート高校の学長による「10人審議会（Committee of Ten）」が組成された。この審議会は米国の高校教育を標準化すること目的としており、初等教育8年に高校教育４年で合計12年となる教育モデルが提唱され、言語学、数学、科学などで必要な知識についての提案がまとめられた。

さらに、高校教育において、英語、数学、歴史、公民が毎年教えられることや、化学の次に物理を学ぶといった学習の進度についても言及がなされた。それまでは大学進学組と高校卒業組で、カリキュラムの内容を分ける議論もあったが、10人審議会の提案は、すべての生徒が良い人生を送るために大学進学の有無にかかわらず指定された教科を学ぶべきという、標準化を推し進める内容となっていた。平等な機会を与えるために、すべての生徒が、専攻の違いはあるにせよ、同じリベラルアーツ教育を受けるべきだという考え方である。

当時教育の普及に伴い学生が急増する一方、大学への入学準備がアカデミックな観点でできているかどうかを測る基準がなかったため、ハーバード大学を含む有名大学では半数近くの生徒が条件付き入学となっていた。大学入学基準が曖昧な一方で4年制高校が急増する流れを受けて、起業家であり篤志家でもあったアンドリュー・カーネギーは、高校卒業資格に必要な学力を規定するというプロジェクトにカーネギー財団を通じて取り組んだ。

財団はカーネギー・ユニットと呼ばれている現在も存続し、標準化された考え、すなわち「履修単位」を考案したのだ。これはある一定の科目を120時間（45分授業の場合は160クラス数）、年間を通して履修することで1単位となる、現在も米国の高校で採用されている考え方である。[*5]財団による大学教授への影響力もあり、大学入試の要件としてカーネギー・ユニットが要求されることになり、1910年には全米のほとんどの高校がカーネギー・ユニットを採用し、現在にも連なる高校の大きな枠組みが完成した。[*6]教育制度が整うに従って就学率も急上昇し、1890年に6％だった米国の高校進学率は、1930年には51％となった。

130年近く前に始まった学習内容の標準化と評価の標準化という大きな2つのイノベーションにより、全国どこにいても同等の学びを得られる教育システムが完成し、近代工業社会の発展に必要な人材の育成が行われた。

テスト成果主義では達成できない学力向上

標準化された近代教育のシステムは米国に広まったが、OECDが3年ごとに実施する「国際学習到達度調査（PISA）」[*7]ような国際比較での米国生徒のアチーブメントギャップ（学力差）が叫ばれるようにもなった。そこで21世紀に入り、小中高のK−12（公教育が対象とする幼稚園から高校までの教育期間の呼び名）教育は、所得や人種格差での学力差を埋めることを目的として、標準テス

＊5　https://www.educationnext.org/the-traditional-high-school/
＊6　https://www.carnegiefoundation.org/faqs/carnegie-unit/
＊7　https://www.nytimes.com/2019/12/03/us/us-students-international-test-scores.html

ト成果主義の方向へと大きく舵が切られた。米国議会はジョージ・ブッシュ政権時代の２００２年に「誰も取り残さない（No Child Left Behind、以下ＮＣＬＢ）法」を制定した。

この法律は、連邦政府の教育への役割を拡大することで、国際社会で競争力のある人材を育てるために、各学校に生徒の学力へのアカウンタビリティ（説明責任）を課すことを狙ったものだった。[*8] 内容は州によって異なるものの、３年生から８年生（日本の中学2年生）までの毎年と高校生の時に一度、読解と算数の学力テストが義務付けられ、テスト結果で下位に位置付けられた学校には、数段階の罰則規定が定められた。

ＮＣＬＢによってテストの点数を上げることを目的とした教育が広がることとなり、特に公教育の現場で「テストのために教える（Teach to the Test）」流れを生み出した。テストのために教えても学力格差が縮まる様子もない上に、テストされない体育や図工といった教科の時間が削られるなどの弊害が生まれたため、徐々に様々な州ごとの適用除外申請が増えている。

その結果、管理方法を各州により一層任せる「全生徒が成功する法（Every Student Succeeds Act）」が２０１５年、バラク・オバマ政権時代に制定され、州がより権限を持つ方向性[*9]へ大幅に修正された。とはいえ、テストの結果で学校が評価される部分は残り続け、標準テストの点数向上が教員のアカウンタビリティとして課せられる学区も現存し社会問題となっている。実際のところ、ＮＣＬＢ以来のテスト成果主義の流れは多くの教員が現場を離れることを考える契機となっている。２０１４年の全米教育協会（National Education Association）調査によると、45％の教員が、標準

＊8　https://www.edweek.org/ew/section/multimedia/no-child-left-behind-overview-definition-summary.html
＊9　例えばテストは年間でもより期間を刻む形でも可能となった。

テストが強調される中、離職を考えたことがあると回答している。[*10]

ＮＣＬＢの制定から16年が経過した２０１８年のＰＩＳＡの結果では、米国の生徒の読解と数学の平均スコアはあまり変わっていない（図表6）。一方、多くの州が採用し、教員の評価につながる標準テストは低いスキルの測定となっているとスタンフォード大学のリンダ・ダーリング－ハモンド教授は警鐘を鳴らす。[*11] ここ数年は、認知学力偏重、テスト偏重の学校教育の見直しが多くの学区で叫ばれ、公立の学区でも様々な改革が始まっている。

加えて、伝統的な公立校の縛りがない私学やチャータースクール（詳細は第4章を参照。公立校だが学校ごとに定められたチャーター〔憲章〕を基に独自のカリキュラムとスタッフで運営される学校。州により独自の基準での認可プロセスがある）では、過去20年間、独自の教育方針を打ち出し、前述の21世紀フレームワークで提唱しているような、深い学際的な学びを通じて高次の思考スキルや非認知能力の育成に力を入れる学校が急増している。

ホール・チャイルド・アプローチの台頭

産業界では昨今「デザイン思考」「アート思考」「センスメイキング」

図表6　読解、数学、科学のPISA平均値の比較（米国 vs OECD平均）

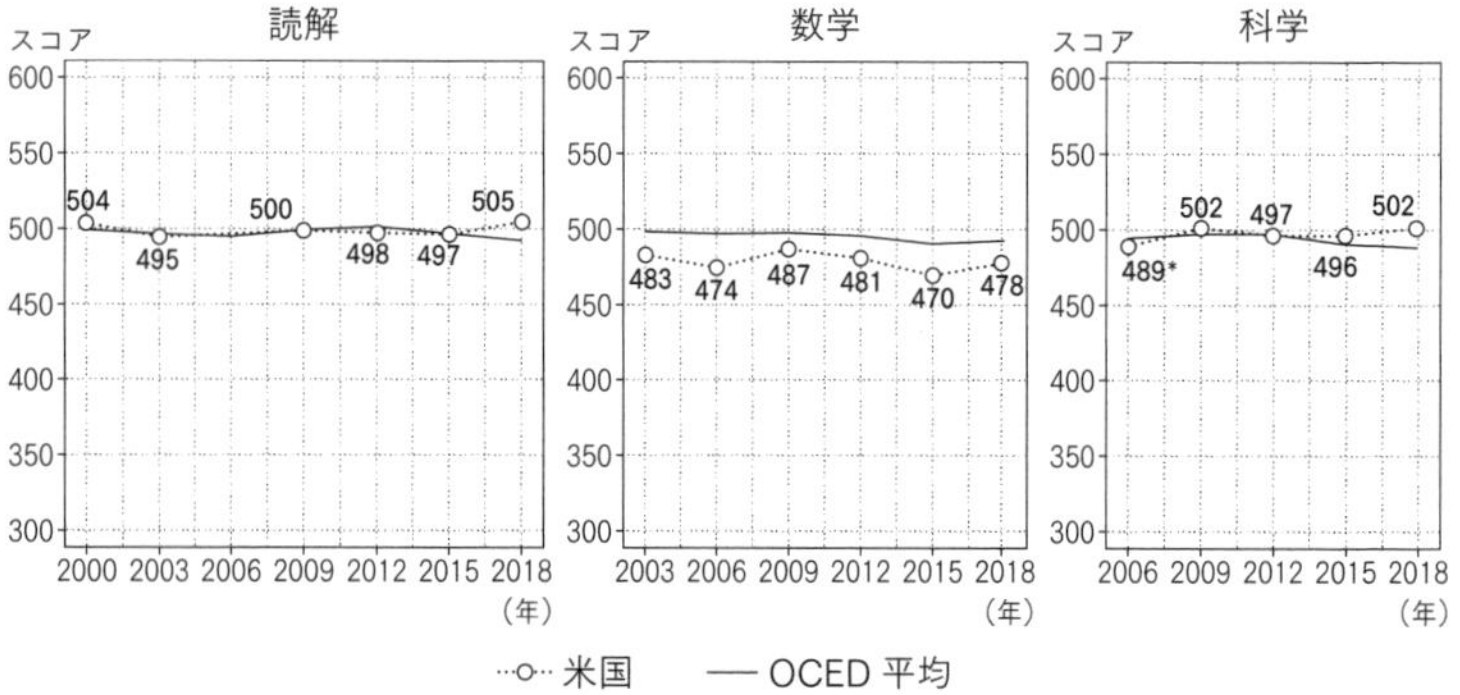

出典：United States - Country Note – PISA 2018 results

「直感力」といった、正解が見えづらく、業界構造がダイナミックに移り変わる社会における思考力や価値の生み出し方についての方法論が注目されている。これらはすべて、どのように、より創造的な独自のインサイト（洞察）やソリューションを生み出していくかという、VUCAな社会における価値創造にまつわる思考法である。このような思考を行うためには、右脳と左脳をフル活用した、分析、評価、創造といった高次思考スキルが必要となり、機械的に知識を記憶する学習だけでは到達しない。

NCLBが施行され、その弊害も増す一方で、近年の米国ではホール・チャイルド（Whole Child）という教育アプローチが注目されるようになった。Whole《ホール》というのは全体、丸ごとという意味で、心身頭のすべてを育むことで、子ども1人ひとりがその子らしく、健やかに成長することを支えるという考え方である。

知識の記憶が中心で固定化された学力だけに注力するのではなく、1人ひとりが学びに主体的に取り組みやすい環境を整備することで、将来、市民として社会で活躍するために必要な知識だけでなくスキルや資質、情動性や感情のコントロール、人格を育むことを目指している。ひとつの教育手法が確立されているというよりは、多くの学校が様々なアプローチでホール・チャイルドを育てることを教育目標として掲げている。

日本で最近注目が高まっているモンテッソーリ（Montessori）教育や、いくつかの学校で取り入れられているイエナプラン（Jena Plan）、フリースクールとして運営されているシュタイナー

＊10　http://neatoday.org/2014/11/02/nea-survey-nearly-half-of-teachers-consider-leaving-profession-due-to-standardized-testing-2/
＊11　https://harvardpolitics.com/united-states/case-standardized-testing/

（Steiner）教育なども、ホール・チャイルドを育てる教育手法である。米国のイノベーションの中核を担うサンフランシスコやシリコンバレーでは、モンテッソーリ教育やシュタイナー教育の学校がイノベーター層や新・エリート層に人気である。

1943年に設立され129カ国に11万人以上の会員を持つ教育者向け教育団体のASCDでは、2006年よりホール・チャイルド・アプローチに関する独自に開発した教育手法を活動の主軸に置き、啓蒙活動や教員研修、研究も行っている。ASCDのホール・チャイルド・アプローチは、生徒の健康、安全、主体性、個別化、そしてチャレンジできる環境の5つを整えることを目指している。

実は日本にもホール・チャイルドの考え方は以前からあった。玉川学園の創始者・小原國芳が考案した全人教育は、心身頭の総合的な発達を念頭に置く教育である。また江戸時代に普及した寺子屋も習熟度別教育で、師匠やその弟子による個別指導と道徳教育により学力と人格の形成を図っていたそうだ。

しかし戦後日本が工業化による高度経済成長を迎えたことで大学進学率が上がり、学力競争が激化した昭和の後半には、大学受験に成功することが小中高教育の大きな目的となってしまった。この目的からの逆引きが、塾産業を成長に導き、テスト偏重型教育に拍車がかかるという悪循環を生んでいる。いわゆる「偏差値エリート」の登場を招いたのである。

正解のあるテスト教育に最適化しすぎた学生は、受動性が高く安定志向が強い。日本の若者の起業への関心は国際比較においても低いことは第1章でも紹介した。2018年3月卒業見込みの大学生・院生を対象とした調査では、安定している会社を求める大学生が30・7％と、これから伸びそうな会社を選ぶ学生（10・6％）よりかなり多いという結果が見られた。*12

地球の存続すら危ぶまれる現代において、求められる教育は、平均的な学力を持ち、安定思考の強い生徒を育てることではない。クリエイティブ・リーダーシップを発揮し、自分の個性や得意なスキルを活かし、世界の課題に果敢に挑戦できる新・エリートを育てる必要があることは先述した通りである。受験準備だけに偏らないホール・チャイルドを育む教育アプローチの普及が、これからの日本社会を創造する担い手を育む上でも求められる。

「主体的・対話的で深い学び」はホール・チャイルド・アプローチで実現する

2020年から順次施行される新学習指導要領では、「主体的・対話的で深い学び」というスローガンのもと、子どもたちが主体的に学びに臨み、仲間と協働（対話を含む）しながら、正解のない問いにも挑戦する、高次元での思考ができる子どもを育むことを目標としている。*13

「主体的な学び」は、学習指導要領の諮問機関である中央教育審議会の答申では次のように示さ

＊12　http://mcs.mynavi.jp/enq/ishiki/data/ishiki_2018.pdf
＊13　中央教育審議会（2016）「幼稚園、小学校、中学校、高等学校及び特別支援学校の学習指導要領等の改善及び必要な方策等について」（答申）

れている。

学ぶことに興味や関心を持ち、自己のキャリア形成の方向性と関連付けながら、見通しを持って粘り強く取り組み、自己の学習活動を振り返って次につなげる「主体的な学び」が実現できているか。子ども自身が興味を持って積極的に取り組むとともに、学習活動を自ら振り返り意味付けたり、身に付いた資質・能力を自覚したり、共有したりすることが重要である。

学びへの興味や関心は、元来子どもが持っている力である。イノベーティブな時代の教育について、先端校の学生の成長から考察する教育ドキュメンタリー映画"Most Likely to Succeed"のエグゼクティブプロデューサーで、米国の先端教育の有識者であるテッド・ディンタースミスは、2018年の来日講演時にこう述べている。

「幼稚園に行ってみなさい。そこでは4歳児が全員多くの問いへの自分なりの答えを出すために創造力を発揮しています。我々全員が4歳児から学ばなくてはいけないのです[*14]」

ウォーレン・バーガーの『Q思考』(原題:A More Beautiful Question)では、子どもは2歳から5歳の間に平均4万の質問をすると紹介されている。4歳児は見通しを立てる力は弱いかもしれないが、関心を持ったことに粘り強く取り組む力や、興味を持って積極的に取り組む力は非常に高

＊14 What School Could Be Un/Conference の基調講演スピーチ(2018/6/10)

い。しかし現在の伝統的な教育システムでは学習量が増え始める小学校の中学年ぐらいから正解を効率よく学ぶことの優先順位が高くなることもあり、主体性が徐々に損なわれていく傾向がある。

問いを立てられる子どもはより好奇心を持ち、自らの学びに責任を持ち、難度の高い問題にもより深い理解力があるそうだ。[*15] 質の高い問いは高次思考スキルへの扉なのである。残念ながら、現在の伝統的教育環境では、小学校入学以降、子どもたちは質問する回数が減り、18歳になるとその回数は4歳児の4分の1ほどに減少し、高校の教室での1時間あたりの平均質問数はたったの2回である。[*16]

すなわち、主体的な学びを育むには、子どもの好奇心が小学校以降において潰されない環境を準備することが必要である。実際にホール・チャイルドの考えを持つ米国の学校ほど、生徒に「選択肢と発言（Choice and Voice）」の機会をふんだんに与え、生徒が自らもしくは仲間と共に立てた問いを探究する機会を設けている。第3章以降で事例を紹介する。

中央教育審議会の答申では、「対話的な学び」についても次のように示されている。

子ども同士の協働、教職員や地域の人との対話、先哲の考え方を手掛かりに考えること等を通じ、自己の考えを広げ深める「対話的な学び」が実現できているか。身に付けた知識や技能を定着させるとともに、物事の多面的で深い理解に至るためには、多様な表

＊15　https://www.gse.harvard.edu/ppe/program/teaching-students-ask-their-own-questions-best-practices-question-formulation-technique
＊16　https://questionweek.com/wp-content/uploads/2015/12/InfographicChildrenQuestioning.png

現を通じて、教職員と子どもや、子ども同士が対話し、それによって思考を広げ深めていくことが求められる。

生徒が先生の方を向いて座り、先生からの指名がないと発言できない環境に対話は生まれない。発言しやすい安心安全な環境があり、ディスカッションのスキルが育まれ、授業の内容が対話的に進行すれば子どもたちは対話力を実践できる。深い対話の生まれる環境設定やスキルを育む機会が必要である。

さらに先の答申では、「深い学び」について、次のように示される。

習得・活用・探究という学びの過程の中で、各教科等の特質に応じた「見方・考え方」を働かせながら、知識を相互に関連付けてより深く理解したり、情報を精査して考えを形成したり、問題を見いだして解決策を考えたり、思いや考えを基に創造したりすることに向かう「深い学び」が実現できているか。子どもたちが、各教科等の学びの過程の中で、身に付けた資質・能力の三つの柱を活用・発揮しながら物事を捉え思考することを通じて、資質・能力がさらに伸ばされたり、新たな資質・能力が育まれたりしていくことが重要である。教員はこの中で、教える場面と、子どもたちに思考・判断・表現させる場面を効果的に設計し関連させながら指導していくことが求められる。

前述の通り、深い学びは正解のある問いを教え込むだけでは実現しない。深い学びとは、多様な視点を持って、答えがひとつではない問いに取り組む中で、分析、評価、創造、といった高次思考スキルを使い、自ら知識や気づきを得る環境を整えることで実現するものである。

「分断や変化が進む教育システムで深い学びを実現するにはどうするべきか？」という問いを探究する「深い学びハブ（Deeper Learning Hub）」の主宰者の1人であるマリー・ジョーンズは、深い学びの教授法のひとつとなるプロジェクト型学習（Project Based Learning、略称ＰＢＬ〔詳細は第3章〕）について、インタビューでこのように答えている。

「基礎科目の学習とプロジェクト型のどちらかが優れている訳ではなく、ＰＢＬは基礎的な知識を教えるための一手段です。プロジェクトの中で、生徒たちは説得力のある読み書きのスキルを身につけ、実社会の課題を解決するための科学的な考え方と解決方法を学んでいきます。テストに強いだけの人材を育てるのではなく、実社会で本当に活躍できる人材を育てているのです」

日本の教育者との議論では、基礎知識の学習と、深い学びにつながるプロジェクト型学習のような活動のバランスに悩んでいるという話が多い。基礎学習が終わったらプロジェクトに進むという順番で考えると「深く学ぶ」時間の捻出そのものが難しい。

発想を変え、ホール・チャイルドの成長を主軸に置いて教育方針、カリキュラム、教員研修、評価、保護者や学外との関係性など学校運営全体を設計しなおすことができれば、基礎知識の学習で時間割がいっぱいで、深い学びを実践する時間がないという悩みは減るはずである。

求められる公平性の再定義

ホール・チャイルドを育む学びは、子ども1人ひとりの成長にフォーカスした学びである。英語では学習者中心の学び（Student Centered Learning）という言葉もトップ校や先端校でよく耳にする。この方向に向かうには、まず、子どもたち全員に同じタイミングで同じ学びを提供するという従来の公平性の考え方から脱却し、1人ひとりの個別ニーズに応じた学習支援や学びの選択肢を提供するという、時代に合った「新たな平等感」が必要である。これは同じ高さに到達する際に、子どもの身長や体重によって必要なはしごの高さや構造は違って当たり前という考えでもあり、近年の米国では、Equality《イクオリティ》（平等）ではなく**Equity**《エクイティ》（公平）が目指されている。

元々のスタートラインだけでなく、学習の吸収スピードや興味関心、学び方は皆同じではない。それぞれの子どもの状況や特性を尊重した学びの個別化により、すべての生徒が成長することが学習者中心の学びであり、ホール・チャイルドを育成するためのエクイティ、すなわち公平性の考え方である。

学びの個別化は、取り組む問題の難易度の調整ということだけにとどまらない。例えば、現在米国で注目されているブレンデッド・ラーニング（Blended Learning）の考え方は、テクノロジーが実現する自分のペースで学ぶメリットと教室環境だからこそ効果的に実施できる学びを組み合わせる授業手法である。

日本ではフレームワークや手法といった〝How（どのように）〟の話が多く、プロジェクト型学習、探究学習、反転授業のような「教授法」などのいわばノウハウの導入に注目しがちだが、まず始めに考えるべきは公平性のあり方である。戦後の近代教育の根本である平等の考え方から、子ども1人ひとりが成長する公平なチャンスを教育において提供するという考え方にシフトしなければ、主体的・対話的で深い学びを実践するホール・チャイルドを育成することは困難だろう。

米国トップ私学や先端校が求めているのは心身頭のバランスがとれた子ども

米国のトップエリート養成機関とも言える米国トップ私学は、昔から教科学習だけにフォーカスするのではなく、芸術やスポーツ、奉仕活動にも力を入れることで、心身頭共に健やかでバランスのとれた生徒を育成することに尽力している。さらに近年は、ダイバーシティ（多様性）やインクルージョン（社会包摂）に注力し、生徒の多様性やグローバルな視点を育む教育にも力が入っている。どの学校も「ホール・チャイルド」育成の観点を持ち、将来子どもたちが社会で自らの道を切り開き、社会に貢献する市民として成長することを幅広いカリキュラムによりサポートしている。

米国トップ私立高校の入試のプロセスを理解すると、いかに彼らが個性豊かな子どもたちを求めているかがよく分かる。学校の成績や標準テストの結果だけでは選ばれないのである。

これは、米国の大学が求めている生徒像にも近い。米国の大学入試も変化の時期を迎えているが、従来的にはSAT（School Admission Test）やACT（American College Test）という標準テスト*17以外に、自己表現を必要とされるエッセイや面接、普段の成績といった複合的な要素で合否の判断がされている。標準テストでは差がつかない上に、テストの点数で生徒1人ひとりの個性を表すことはできない。

SATが満点近い生徒が2人いたとしても、性格や強み、興味関心はきっと異なっているはずだ。特にダイバーシティやインクルージョンの大切さが叫ばれている今、受験者が性格も含め、どのような人物なのかを主張することも求められている。米国トップ私学や先端校は、高校の4年間を通じて自分磨きに積極的に取り組む、意欲のあるホール・チャイルドを求めている。

米国の大学入試は、日本で言えば慶應義塾大学湘南藤沢キャンパスが導入したことで普及が進んだかつてのAO（アドミッションズオフィス方式）入試（現・総合型選抜）がそれに近い（ただ、標準テストのスコア提出が求められる分、米国の方が一般入試とのハイブリッドといえる）。2000年には入学者の1・4%だった旧AO入試による入学者は2018年度に全体の9・7%に増加しており、主体

＊17　大学進学時に求められることが多い標準テストの中で最も良く使われる民間テストがSATとACTである。

的・対話的で深い学びが広がれば、さらに増えていくことだろう。

米国では新型コロナウイルス対策の休校措置により、多くの大学がSATやACTを採用しない、もしくは任意とすることを発表している。成績でも差がつきにくい中、やる気のある生徒はオンライン学習で豊富にある大学生レベルのクラスを受けたり、オンラインを活用して世界レベルで活動したりする機会も増えている。

ただこれらの機会を主体的につかみに行けるかどうかは、子どもたちの目的意識やモチベーション、自律的に学ぶ力、コミュニケーション能力などに依存するため、今までとは違う「新たな学びの格差」が生まれつつある。成績や標準テストの点数だけでなく、生徒が自らの得意や熱中している活動、高いレベルの習熟度を表現することがトップ大学の入試では求められている。受動的な優等生的学習者ではなく、自分の興味関心を持ち、主体的に学びに向かう学習者を育むことは、将来希望する進路への切符を手に入れるための必須条件である。

ホール・チャイルドの学力を再定義するコンソーシアムの台頭

20世紀の大発明であるカーネギー・ユニット（履修単位）は、米国に子どもの学び方や学習進度に関わらず、全員が一定の単元を同じ時間をかけて履修する文化を定着させた。しかし履修文化は、習熟度に関わらず「成績」という形で処理をされて単元が進んでいくため、補習や家庭学習で丁寧にフォローしない限り、子どもたちが知識やスキルの土台をしっかりと積み上げないまま新たな単元が上乗せされると、砂の城のようなすぐに崩れてしまう学力を育んでしまう欠点がある。特に学校や家庭でのサポートが薄い環境の子どもにとってのリスクは大きい。

生徒の多様性をベースに公平という観点から考えると、誰もが同じタイミングに同じペースで同じ内容を学ぶ学習環境は、それぞれの子どもに必要な学習機会を与えているとは言えない。翻って日本で「吹きこぼれ、落ちこぼれ」という言葉が生まれるのは、子どもの責任ではなく、１人ひとりに適切な学びの支援やチャレンジが足りないからである。

真の公平を目指すためにも、形式的な履修にフォーカスをするのではなく、子どもが関心を持って深い学びに取り組みながら、応用が可能な知識や高次思考スキルの習熟（mastery）を全員が達成し、１人ひとりが希望する進路に進むことをサポートする習熟度ベースの学び（Mastery Based Learning）に切り替える時がきたという声が徐々に大きくなっている。

しかしながら、米国の大学入試を考えると、ＧＰＡ（Grade Point Average の略、成績を0～4の数値に換算し、履習時間で加重平均した評定平均値）を気にするがあまり、自らの関心に関わらず、ＧＰＡが上がりやすい授業の選択を試みたり、ＡＰ（Advanced Placement の略、大学レベルのコースを指す）をできるだけ多く履修することでＧＰＡを上げようと奔走する進学校の高校生も多い。

そこで、成績やテストの点数にとらわれすぎることで、ホール・チャイルドを育てる、個別化された真正な学びに取り組みづらいというジレンマから脱却するべく、新時代の高校成績証明書を開発しようという動きが盛り上がっている。

マスター・トランスクリプト・コンソーシアム（Mastery Transcript Consortium、以下MTC）は、320を超える私立と公立校で構成される。子ども1人ひとりのユニークさがより伝わる、習熟度ベースによる成績証明書を考案し、普及させようという声から発足したコンソーシアムである。オハイオ州クリーブランドの私立高校、ホーケン・スクールのスコット・ルーニーの呼びかけにより2017年に始まった。*18

新校舎のデザインを担当したルーニーは、プロジェクト型や体験型の学習を主軸に置き、生徒がより高い関心を持って学びに向かえるようにした人物で、生徒1人ひとりの成果をより効果的に伝えたいと考えるのは納得できる。

MTCは、大規模な州立大学であるミシガン大学やリベラルアーツのトップ大学のひとつであるスワースモア大学など12大学から構成されるアドバイザー・グループからもフィードバックを受けながら「習熟度視点の成績証明書」（Mastery Transcript、略称MT）を開発することで、K－12主導の高大接続を実現しようと試みている。

当初、MTCの設立に参加したのはホーケン・スクールをはじめ、ギフテッド（gifted）教育の草分けのヌエバ・スクール、ケネディ兄弟も通ったリバーデール・カントリー・スクール、米国

＊18　https://www.the74million.org/article/the-mastery-transcript-consortium-has-been-developing-a-gradeless-transcript-for-college-admissions-this-fall-it-gets-its-first-test/

のトップボーディングスクール（寮制学校）であるチョート・ローズマリー・ホール、オバマ前大統領も通ったプナホウ・スクールなど革新的な名門私立高校15校であった。

その後も米国のトップ私学であるフィリップス・エクセター・アカデミー、フィリップス・アカデミー・アンドーバー、キャスティレーヤ・スクール、メンロー・スクールなどが加盟しており、海外では中国、オーストラリア、香港、カタールなどの学校も参加している。[*19] 現在は加盟校の2割ほどが公立校で、教育改革に取り組む学区やラボスクール（実験校）として新しい教育を取り入れている学校も名を連ねている。

まだ新しい取り組みだが、MTCの発表によると2019年には15校が希望する生徒の受験でMTによる出願を活用した。また全学年の生徒でのMTによる出願に使用した学校も3〜4校あったそうだ。2019〜2020年度の入試結果としては、MTを採用した大学は60校で、出願者のうち85名が合格通知を受け取っている。今後の成長が気になるところである。

MTの大きな特徴としては、GPAにつながる従来のAからFの成績がない点である。単位の履修については各学校の「習熟度単位（Mastery Credit）」の基準により付与されている。また従来のコース名と点数だけの成績証明書と違い、証明書から生徒の強みや関心などが理解しやすくなっている。履修のエビデンスを確認することもできるため、履修状況の一覧性と深みを兼ね備えている。

なぜ、有力校は、率先してコンソーシアムに取り組むのか。

＊19　https://mastery.org/member-schools/

大学の入試担当者が1人の生徒の成績証明書をレビューする時間は、わずか2分程度と限られている。ＭＴを使用すれば、統一したフォーマットであるため担当者の負荷を下げながらも、各学校ごと、各生徒ごとの特徴が分かりやすくなる。選択科目や生徒がテーマを設定する研究の機会も豊富なトップ私立高校や先端校には、各生徒の個性や特徴がより大学側に伝えられることのメリットは大きい。

どの科目でも数字だけに置き換わる成績の判定を上げることに生徒が忙殺されストレスを高めてしまうリスクを軽減し、生徒本人が関心を持つ分野の深い学びに注力できる。生徒が深い学びに取り組みやすくなることは、教員にとってもより意味深い学びを提供しやすくなる。

日本では深い学びや高大接続が話題になっているが、生徒の個性や関心などの幅広い魅力を表現する新時代の成績証明書の開発には至っていない。ＡＯ入試で生徒自身がアピールする道はあるが、まだまだ一般入試の受験者が圧倒的に多い。教育者として子どもたちのことを最もよく知る高校の教員たちと、大学の入試関係者が深い学び時代の成績証明書のあり方を模索するのは、大学側のリソース不足を尊重しながら、子ども1人ひとりの多様な魅力を伝えていく上でも大切である。高校が深い学びと受験準備のトレードオフで悩まないためには、時間単位の履修から習熟度ベースへの考え方を含め、ＭＴＣが提案する取り組みは参考にすべきだろう。

ＭＴの詳細は次頁の図表7のようになっている。

伝統的な成績証明書は科目と成績平均点で表示されるため、ＧＰＡでは分かりやすい結果を見

図表 7　MTC の習熟度視点の成績証明書

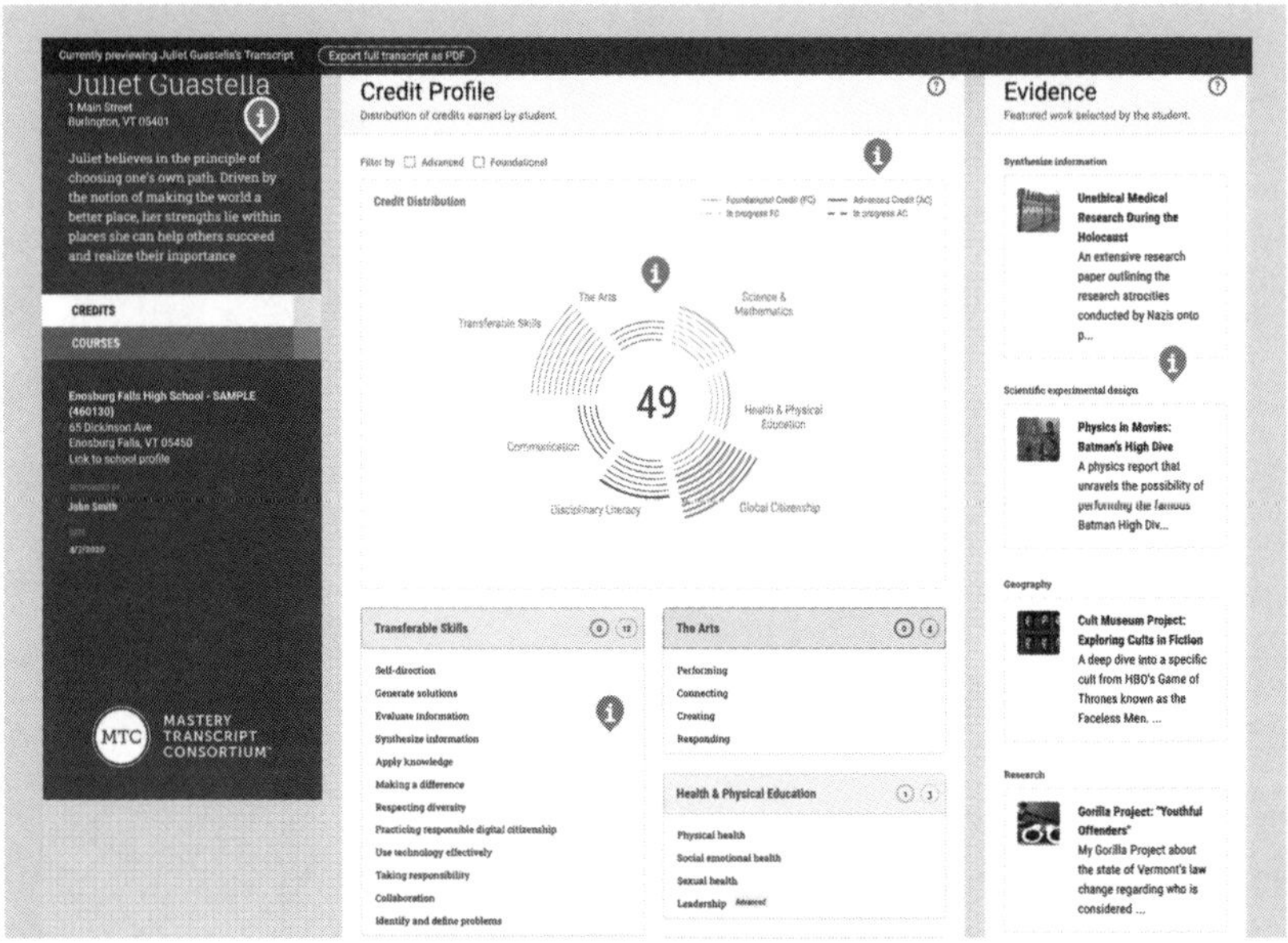

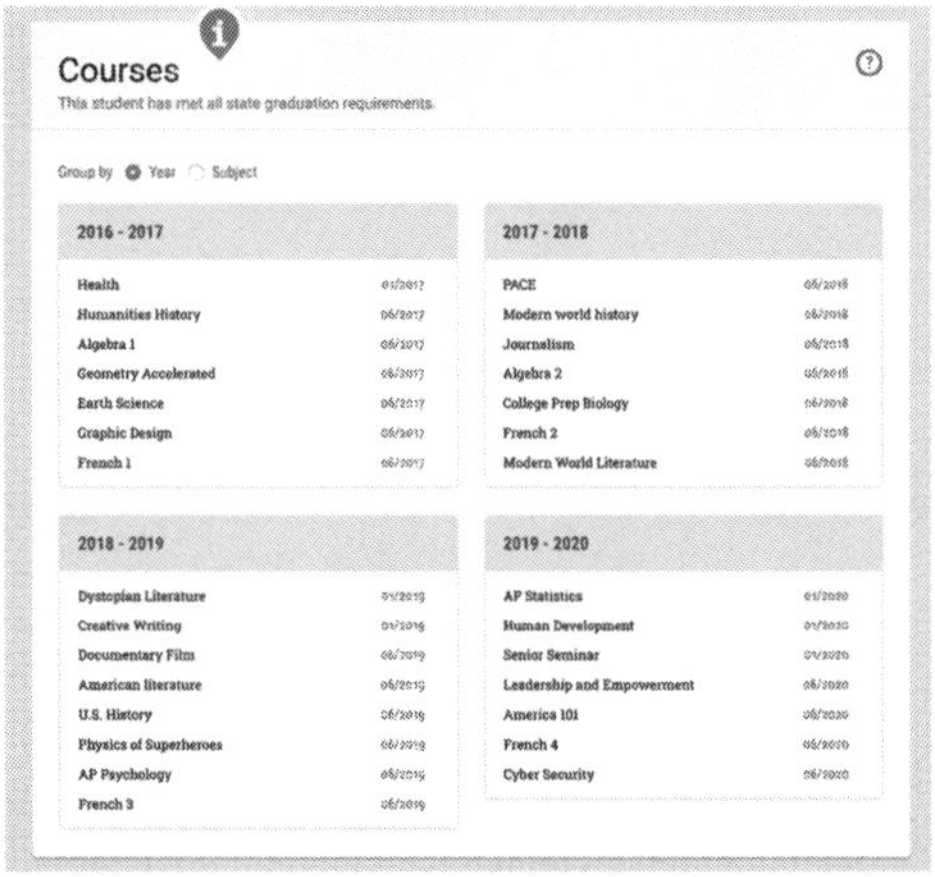

（上）生徒のプロフィール、パフォーマンスエリア（円で表現されたもの）ごとの履修サマリーと詳細、そして履修内容に対するエビデンス
（下）年度ごと、もしくは教科ごとの履修クラス名

出典：Mastery Transcript Consortium 公式サイト

られるが、MTCでは、生徒の特徴や目標がサマリーとして示され、どのような特徴を持つ学びを経ているのかが表現されている。

図表7のサマリーページでは、生徒のサマリーと、履修科目の特徴や履修のエビデンスが一目で分かるようになっている。図中上のバブルチャートでは、生徒が履修したアドバンスクラスの単位がどのようなもので、同じ学年の他の生徒と比べるとどのような履修パターンの違いがあるのかも分かりやすく表現されている。

MTCのプロダクト責任者は、ウェブメディア「Inside Higher Ed（高等教育の内側）」の取材にこう答えている。「多くの高等教育ワーキンググループのメンバーは、今まで見逃していた子どもたちを見つけるというミッションを持っています。世帯収入に依存する今までの指標を使い続けている限り、そのような子どもたちを見つけることは困難でしょう」[*20]

コラム　米国のトップ私立中高受験に求められること

米国のトップ私立中高受験は、短期決戦では勝てない。公立校出身者のアイビーリーグ進学も増えてきたとはいえ、卒業生の４割近くがアイビーリーグやスタンフォード大学に進学するような驚異的な進学実績を持つ学校の多くは、米国トップ私立高校である。

米国の名門私立は、寮制のボーディングスクールも、自宅から通う学校も入試のプロセス

＊20　https://www.insidehighered.com/admissions/article/2019/07/29/high-schools-prepare-present-holistic-picture-students

としては似たような内容となっている。日本のようにそれぞれの学校でテストを受ける形ではなく、学力テストは標準テストを期限まで何度でも受けることができる。学校の訪問の目的については、学校が合っているかどうかを知るための面談が主となっている。

中学と高校で若干の違いはあるものの出願には通常、次のことが必要だ。

・学校訪問
・基本事項の提出
・ＳＳＡＴ（Secondary School Admission Test）もしくはＩＳＥＥ（Independent School Entrance Exam）のテスト結果
・保護者が書くエッセイ
・生徒が書くエッセイ
・英語と数学の先生からの推薦状
・学校の管理部門（学校長など）からの推薦状
・その他の推薦状（任意のことが多い）
・学校の成績（2～3年分）
・面談（保護者同伴ないしは、保護者と子でそれぞれ個別）

自分に合った学校探しをするというステップはもちろん必要だが、小中学校時代に、学力と学力以外の部分でどのような生活を送っていたのかが多面的に評価される。入試対策のためにテスト勉強だけを頑張るという子どもではなく、様々なチャレンジを通じて自己理解を深め、目標を具体的に語れる子どもが求められている。

人格（Character）という言葉が学校の説明資料やエッセイの質問で頻出するが、米国のトップ私立では、言語と数学の力はベースラインであり、将来にわたり様々な分野でリーダーとして活躍する人格や能力育成に重きを置いていることが分かる。日本の大学でいうＡＯ入試に近いが、高校入学エッセイでは学校の志望理由に留まらず、得意、不得意、関心、経験からの学び、価値観、目標など個人の考えや認識への幅広い問いが課される。加えて、中高受験ということもあり、子どもの考えだけでなく、親の教育方針や子どもに対する認識も求められている。

短期対策が可能な標準テスト以外のエッセイや推薦状、学校の成績では2〜3年間の小中学生活を通じて子どもが普段、どのような日々を過ごし、成長しているかが透けて見えるため、短期決戦では結果を出すことが難しいと言える。

6	Harvard-Westlake School（ハーバード・ウェストレーク・スクール、共学）	カリフォルニア州、ロサンゼルス	1,598 / 399 18%	（2014～2019年卒） イエール 大学　24 コロンビア大学　33 コーネル大学　35 ブラウン大学　34 ダートマス大学　16 ハーバード大学　51 プリンストン大学　18 ペンシルバニア大学　44 スタンフォード大学　36
7	Stanford Online High School（スタンフォード・オンライン・ハイスクール、共学）	オンライン	804 / 201 25%	（2017～2019年卒） イエール 大学 コロンビア大学　4名以上 コーネル大学 ブラウン大学　4名以上 ダートマス大学　2名以上 ハーバード大学 プリンストン大学　2名以上 スタンフォード大学　4名以上
8	Choate Rosemary Hall（チョート・ローズマリー・ホール、ボーディングスクール・共学）	コネチカット州、ウォーリングフォード	848 /212 23%	（2013～2018年卒） イエール 大学　54 コロンビア大学　39 コーネル大学　26 ブラウン大学　26 ダートマス大学　19 ハーバード大学　27 プリンストン大学　16 ペンシルバニア大学　25 スタンフォード大学　11
9	Castilleja School（キャスティレーヤ・スクール、女子校）	カリフォルニア州、パロアルト	240 / 60 25%	アイビーリーグ全校に1名以上入学（2016年卒）
10	The Lawrenceville School（ローレンスビル・スクール、ボーディングスクール・共学）	ニュージャージー州、ローレンスビル	822 /205 21%	（2016年卒） イエール 大学　7 コロンビア大学　6 コーネル大学　4 ダートマス大学　3 ハーバード大学　7 プリンストン大学　13 ブラウン大学　3

出典：進学実績は各学校の公式サイトと学校資料より入手

図表8　米国のトップ10私立高校ランキングとアイビーリーグ・スタンフォード大学への進学実績

	学校名	所在地	高校生徒数（全体／1学年平均）アイビー・スタンフォード進学率	アイビーリーグ・スタンフォード大学入学者数
1	Phillips Exeter Academy （フィリップス・エクセター・アカデミー、ボーディングスクール・共学）	ニューハンプシャー州、エクセター	1,085 / 271 38%	（2013～2015年卒） イエール 大学　32 コロンビア大学　36 コーネル大学　22 ブラウン大学　20 ダートマス大学　11 ハーバード大学　33 プリンストン大学　23 ペンシルバニア大学　14 スタンフォード大学　22
2	St. Mark's School of Texas （セントマークス・スクール・オブ・テキサス、男子校）	テキサス州、ダラス	397/ 94 17%	（2019年卒） イエール 大学　0 コロンビア大学　1 コーネル大学　2 ブラウン大学　1 ダートマス大学　3 ハーバード大学　3 プリンストン大学　2 ペンシルバニア大学　3 スタンフォード大学　1
3	Phillips Academy Andover （フィリップス・アカデミー・アンドーバー、ボーディングスクール・共学）	マサチューセッツ州、アンドーバー	1,146 / 304* 24% *2019年卒業生数	（2019年卒） イエール 大学　13 コロンビア大学　7 コーネル大学　9 ブラウン大学　2 ダートマス大学　5 ハーバード大学　9 プリンストン大学　7 ペンシルバニア大学　14 スタンフォード大学　7
4	The College Preparatory School （カレッジ・プレパラトリー・スクール、共学）	カリフォルニア州、オークランド	364 /91 16%	（2014～2019年卒） イエール 大学　8 コーネル大学　12 ブラウン大学　10 ダートマス大学　9 ハーバード大学　13 プリンストン大学　4 ペンシルバニア大学　8 スタンフォード大学　10
5	Trinity School （トリニティ・スクール、共学）	ニューヨーク州、ニューヨーク	1,001 / 250 25%	（2013～2017年卒） イエール 大学　10名以上 コロンビア大学　10名以上 コーネル大学　10名以上 ブラウン大学　10名以上 ダートマス大学　10名以上 ハーバード大学　10名以上 プリンストン大学　10名以上 ペンシルバニア大学　10名以上 スタンフォード大学　10名以上

第 3 章

ホール・チャイルドを育てるトップ私学や先端校の心身頭を育む学び

「心をおろそかにし、思考だけ身につけさせたところで
何も教えたことにはならない」

アリストテレス

図表9　米国トップ校・先端校における心身頭の相互関係を持った取り組みの分野別概念図

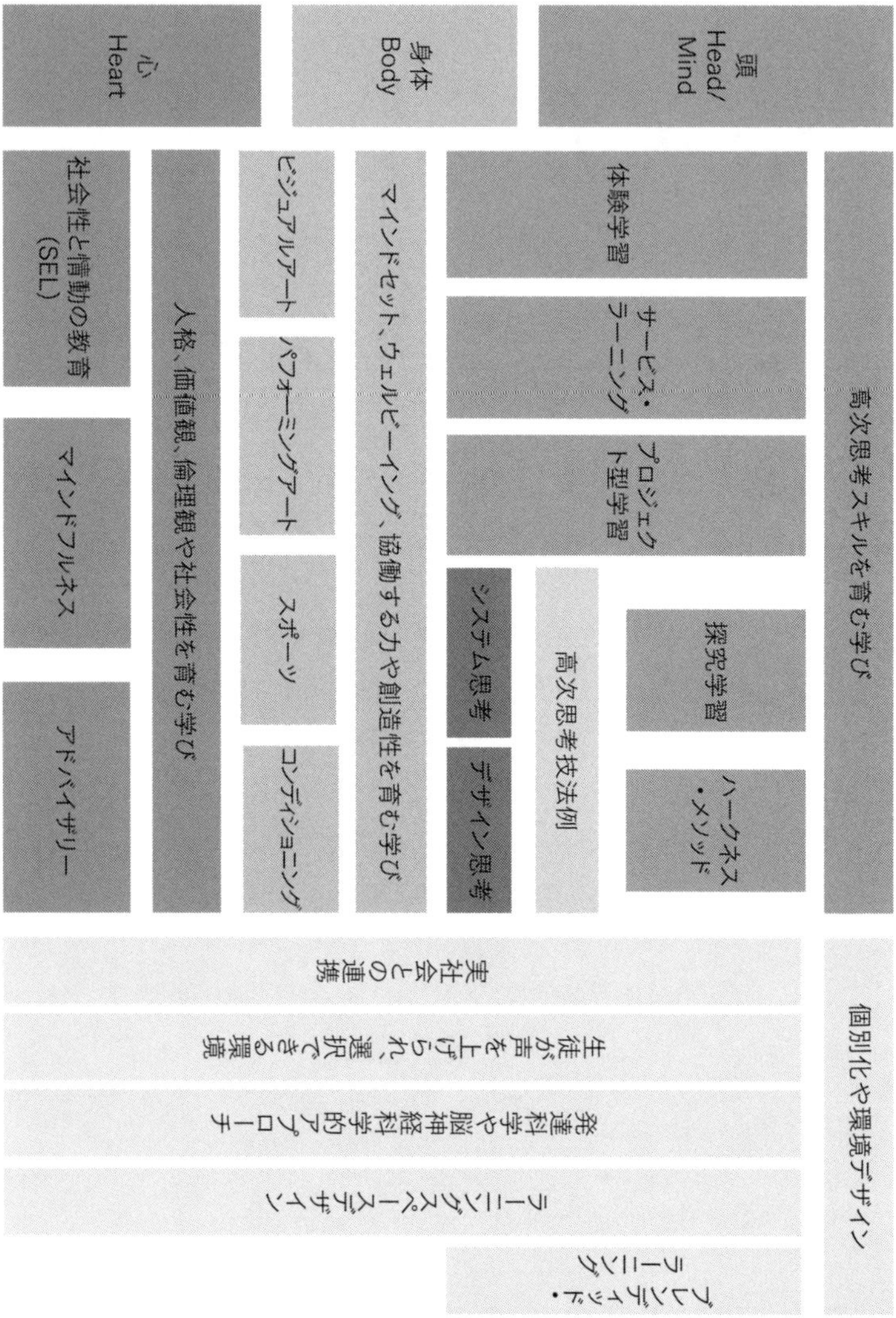

（筆者作成）

第2章では、子ども1人ひとりの個性や特性を尊重する学びの環境を構築するホール・チャイルド・アプローチの重要性と、米国のトップ校や先端校がその育成を推進するために新しい評価軸を加味した成績証明書も含めた大学進学要件の改革を支援する動きに触れた。テスト偏重型の教育、学区による予算格差や世帯収入による学力格差など、米国全体で見ると教育の課題は山積している。しかし米国の素晴らしいところは、前述のMTCの取り組みなど、課題を踏まえて変革に向けて行動する人や学校がたくさんあるところだ。

創造社会においては、変化を受け止めながら、新たな価値創造に取り組むクリエイティブ・リーダーシップが求められる。従来の記憶偏重型教育に偏ったままで、高次の思考スキルを身につけていない生徒を量産することは子どもたちの将来にも社会の未来にも得策ではない。

今後、パターン化できる仕事はAIやロボットに置き換えが可能となる。創造性を発揮するためには、子どもが心理的にも物理的にも安心安全な環境で、自らの考えを表現しながら、他者と協働し、挑戦し続ける環境の構築が大切である。変化の激しいVUCAの世の中だからこそ、心(ハート)・身体(ボディ)・頭(マインド)のバランスがとれ、自己肯定感や自己効力感が強く、主体的に社会に貢献できる大人を育てることが求められている。

本章では、米国のトップ校や先端校の視察や調査を通じて見えてきたホール・チャイルドとして心身頭を総合的に育むアプローチを紹介していく。図表9には心身頭でフォーカスする分野に応じた教育法や取り組みを分類した。

1 心（heart）

学力だけでなく心理的安全性やソフトスキルへの注目

米国が知識偏重型教育から脱却しなくてはならない背景には、子どもたちが学びに向かう活力である「心」の健康が脅かされているという大きな社会課題がある。成績や大学進学に過度にとらわれることへのストレスは、多くの米国の若者に鬱《うつ》という精神状態を引き起こし、高校や大学で自殺につながるケースを増やしている。

過度なストレスは、集中力の欠如、社会的な孤立、睡眠や摂食障害、希望の喪失や、自傷行為といった症状となって表れる。2005年に発表された調査[*1]によると、鬱の症状がある大学生は、健常な大学生と比べると、授業欠席回数が多く（14・64回vs2・99回）、宿題の提出遅れも多く（5・45vs0・9）、テストをサボる回数（1・36回vs0・1回）も多いという結果が出ている。GPA（成績

＊1　The Journal of Mental Health Policy and Economics J Ment Health Policy Econ 8, 145-151 (2005) The Impact of Depression on the Academic Productivity of University Students

指標値）についても鬱ぎみの生徒は０・49ポイント（通常は４ポイント中）下がるという結果が出ている。米国大学健康組合の調査によると、全米人口のうち、鬱の症状を経験した人は人口の６・７％だが米国の大学平均では30％という非常に高い数値となっていることも見逃せない。*2

このような状況が広がる一方、貧困層の子どもたちも、校内暴力などの素行問題、学力の低迷、高校のドロップアウト率の高さなど、数多くの課題を抱えている。そのため米国では、イエール大学医学部のコーマー教授が１９６０年代後半から始めた学校開発プログラムに端を発し、学校での心理的安全と学力や素行といった発達に関する研究が始まった。

イエール大学のあるコネチカット州ニューヘブンは、名門大学の本拠地である一方、貧困率や犯罪率が高いことで悪名高い時期もあった街である。登校や成績が振るわない２校における実証研究が１９８０年代に成功したことから、学校における素行や学力問題を引き起こす原因はプログラムで解決し得ることが注目されるようになった。*3

同時期に、ウィリアム・Ｔ・グラント（William T.Grant）財団の助成金により、イエール大学ロジャー・ワイズバーグ教授（当時）とモーリス・エリアス教授（同）が学校に「社会性と情動の学び（後述）」を導入するための感情スキルを開発した。このプログラムの成果を受けて、１９９４年に米国での社会性と情動の教育（Social Emotional Learning*4、略称ＳＥＬ）を推進する機関としてＣＡＳＥＬ（Collaborative to Advance Social and Emotional Learning）が設立された。

ＣＡＳＥＬ設立と同時期の１９９５年にダニエル・ゴールマンの『ＥＱ　こころの知能指数』

＊2　https://www.acha.org/documents/ncha/NCHA-II_SPRING_2019_UNDERGRADUATE_REFERENCE_GROUP_DATA_REPORT.pdf
https://universe.byu.edu/2015/10/01/depression-a-serious-concern-for-young-adults-and-college-students1/
＊3　https://www.edutopia.org/social-emotional-learning-history
＊4　2001年からはCollaborative for Academic, Social, and Emotional Learning

（原題：Emotional Intelligence: Why It Can Matter More Than IQ）が出版され、ＩＱとは違う感情（心の）知能指数（EQ= Emotional Intelligence Quotient）があり、人格は育成できるという考えが広まった。さらに1997年に前述のエリアス、ワイスバーグ教授らの共著により『ＳＥＬを活用するための教育者向けガイド』（未訳、原題：Promoting Social and Emotional Learning: Guidelines for Educators）が出版され、Ｋ－12教育におけるＳＥＬの定義や導入の意義、具体的な導入戦略が紹介され、広がりが加速した。

２０００年代には全米を中心に研究と実践が進み、21世紀スキル、学びのための積み木（Building Blocks for Learning）など数多くのＳＥＬフレームワークも開発された。現在では多くの民間企業や団体がＫ－12向けのＳＥＬ教材やカリキュラムを提供している。

新型コロナウイルスと共に生きるこれからの社会において、不透明で不安定な状況は多くの子どもたちにとってもストレスとなる。このような時代だからこそ、心の健全な発達はホール・チャイルド育成に必須のテーマである。

社会性と情動の教育（ＳＥＬ）とは？

ラトガーズ大学のモーリス・エリアス教授は、「エデュトピア（Edutopia）」の取材にこのように答えている。

「ＳＥＬは我々が感情に気づき、コントロールできるようになるためのプロセスであり、他者に

図表10　イーゼル・ラボのSELおよび非認知スキル分類

1. 認知コントロール

a. 注意力のコントロール
b. ワーキングメモリーとプランニング
c. 抑制機能のコントロール
d. 認知の柔軟性
e. 批判的思考能力

2. 感情のプロセス

a. 感情の知識と表現
b. 感情と行動の管理
c. 共感と他者視点

3. ソーシャルスキル

a. 空気を読む
b. 対立解決や人間関係の課題解決スキル
c. 社交的で協力的な行動

4. 価値観

a. 倫理的な価値観
b. 成果への価値観
c. 知的価値観
d. 市民としての価値観

5. ものごとの見方や態度

a. 楽観性
b. 感謝の気持ち
c. オープンさ
d. 積極性や情熱

6. アイデンティティ／自己イメージ

a. 自己理解
b. 目的意識
c. 自己効力感／成長マインドセット
d. 自己肯定感

出典：イーゼル・ラボ公式サイト
（筆者訳）

対して心をくばり、良い決断により倫理観と責任感にあふれる行動をし、良い関係性を築き、ネガティブな行動を避ける学びです[*5]」

ＳＥＬは従来ソフトスキルやライフスキルと言われてきた、学校生活だけではなく仕事や卒業後の人生でも大切な、教科の知識といった認知能力ではないスキルを育むことを狙っている。ハーバード教育大学院のイーゼル・ラボ（Easel Lab）[*6]は、ＳＥＬについて21世紀学習フレームワーク（Ｐ20参照）、市民や人格教育、ソーシャルスキルトレーニング、対立解決スキル、ライフスキル、ソフトスキル、非認知能力といった、これまで教育者や研究者が見慣れている様々なスキルを総称するアンブレラターム（傘で覆うような言葉）であると解説している。イーゼル・ラボが、ＣＡＳＥＬなど40の広く知られているＳＥＬとそれに関連するスキルフレームワークを分析した結果、ＳＥＬには前頁の図表10に示される6つの大きな分野を含むことが明らかになっている。

40のフレームワークの分析で興味深いのは、この6つのカテゴリをバランスよくカバーしているフレームワークは存在しないということだ。認知コントロールに寄ったハビッツ・オブ・マインド（Habits of Mind）や、ソーシャルスキルに寄った感情知能指数といったフレームワークは比較的分かりやすい。

一方で、貧困層の子どもたちへの大学進学を狙った教育を行うチャータースクール・ネットワークのＫＩＰＰ（チャータースクールについては、第4章を参照）では、感情のプロセス、価値観やものごとの見方、態度へのフォーカスが大きい。ＣＡＳＥＬのＳＥＬフレームワークやターンアラウ

＊5　https://www.edutopia.org/social-emotional-learning-history
＊6　http://exploresel.gse.harvard.edu/about/

ンド・フォー・チルドレン（Turnaround for Children）の「学びのための積み木」フレームワークは、ものごとの見方や態度の配分が低めではあるが、比較的バランスよく全分野をカバーしている。どのフレームワークを採用したいかは、狙いやどのような状況で（例：学校、教育現場、社会全般など）SELを導入したいかによって異なる。ひとつのモデルを採用する前に、子どもたちの置かれている状況に応じてどのようなスキルや資質に重点を置きたいかを議論しておくことが大切だ。

SELがもたらす学力の向上と行動の改善

SELが育むソフトスキルは、認知学力（ハードスキルとも言われる）に比べると軽視されていた分野である。ところが、脳神経科学の発展とともに、ソフトスキルが学力の向上に貢献する調査結果が数多く出てきたこともあり、行動改善だけでなく学力向上にもつながるSELへの注目が集まっている。

CASELによると、2011年に実施された213の調査のメタ研究では、SELの様々なプログラムによって、11％の成績向上が報告されているそうだ。[*7] 学力や素行との関連性の研究や、グリットなどの資質と成功への関係性の研究が近年進んできたこともあり、エリート校から指導困難校まで、ホール・チャイルドの育成に欠かせない分野として捉えられるようになってきた。SELの実践は様々な形や広がりがあり、現在幼稚園から高校までSELの導入は幅広く進んで

＊7　https://casel.org/what-is-sel/

いる。

数ある団体の中でも米国でSELを普及する大きな牽引役を果たしてきたCASELはリサーチ、実践、政策提言、そして協働を行う団体として、25年以上活動している。トップダウンでのリーダーシップがとても重要だと考えており、SELを普及するための政策支援や州、学区や教育委員会向けのツールキットやコンサルティングも提供している。

CASELが提唱し、世界的にも知られているSELフレームワークは5つの資質から構成されている（図表11）。カリキュラムや指導（クラスルーム）、学校全体での実践や指針（学校）、家族や地域のパートナーシップ（家庭とコミュニティ）の3要素が積極的に関わることで、これら5つの資質が育まれるという概念である。CASELのツールキットではこれらの資質を育むためのプログラムやプログラムの評価手法も提供している。

近年のCASELは、学区や州といった地域単位で、SELが政策、予算、導入面で計画的に導入されるような後方支援に力を入れている。2004年にイリノイ州が策定したK－12の社会性と情動の教育のスタンダードは、米国で初めての州が設けたK－12のSEL標準である。そこにはCASELも委員会メンバーとして参加していた。

2011年に始まった州共同イニシアティブ（Collaborating States Initiative、略称CSI）の継続的な活動により、2018年には13州が州におけるK－12のSEL基準を明示した。2019年にはこれが18州に増えている。[*8] さらに2010年からは、学区共同イニシアティブ（Collaborating

＊8　https://blogs.edweek.org/edweek/learning_social_emotional/2018/08/states_are_stepping_up_to_support_social_and_emotional_learning.html

ＣＡＳＥＬが提唱するＳＥＬで育む５つの資質

1. 自己意識：自分自身の感情や考えと、それらが自らの行動にどのように影響するかを正確に理解する力。正確に自身の強みや限界を理解し、バランス感覚と楽観性を持つことを含む。
2. 自己管理：自分自身の感情や考え、そして行動を状況に応じてうまく使い分ける能力。ストレスの管理や衝動の制御、自信をモチベートすることや、個人的な目標や学業での目標を定めて、それらを目指すことを含む。
3. 社会への意識：多様な文化的背景を持った他者のものごとの見方を受け入れ、共感する力。社会的かつ倫理的な行動の常識を理解する力。家族や学校、そしてコミュニティのリソースや支援に気づく能力。
4. 人間関係力：多様な背景を持つ個人やグループと健全で実りある関係性を構築する力。明快にコミュニケーションをとる力や、能動的に聞く力、協力する力、不適切な社会からの圧力に抵抗する力、トラブルを建設的に対処できる力、そして必要な時には支援を求めたり、提供できる力を含む。
5. 責任ある意思決定：倫理的な基準、様々な行動が引き起こす連鎖についての現実的な評価、そして自身や他者のウェルビーイングについて踏まえた上で、個人の行動や社会での関わりにおいて建設的で尊厳のある選択ができる能力。

図表11　CASEL が提唱する SEL で育む５つの資質

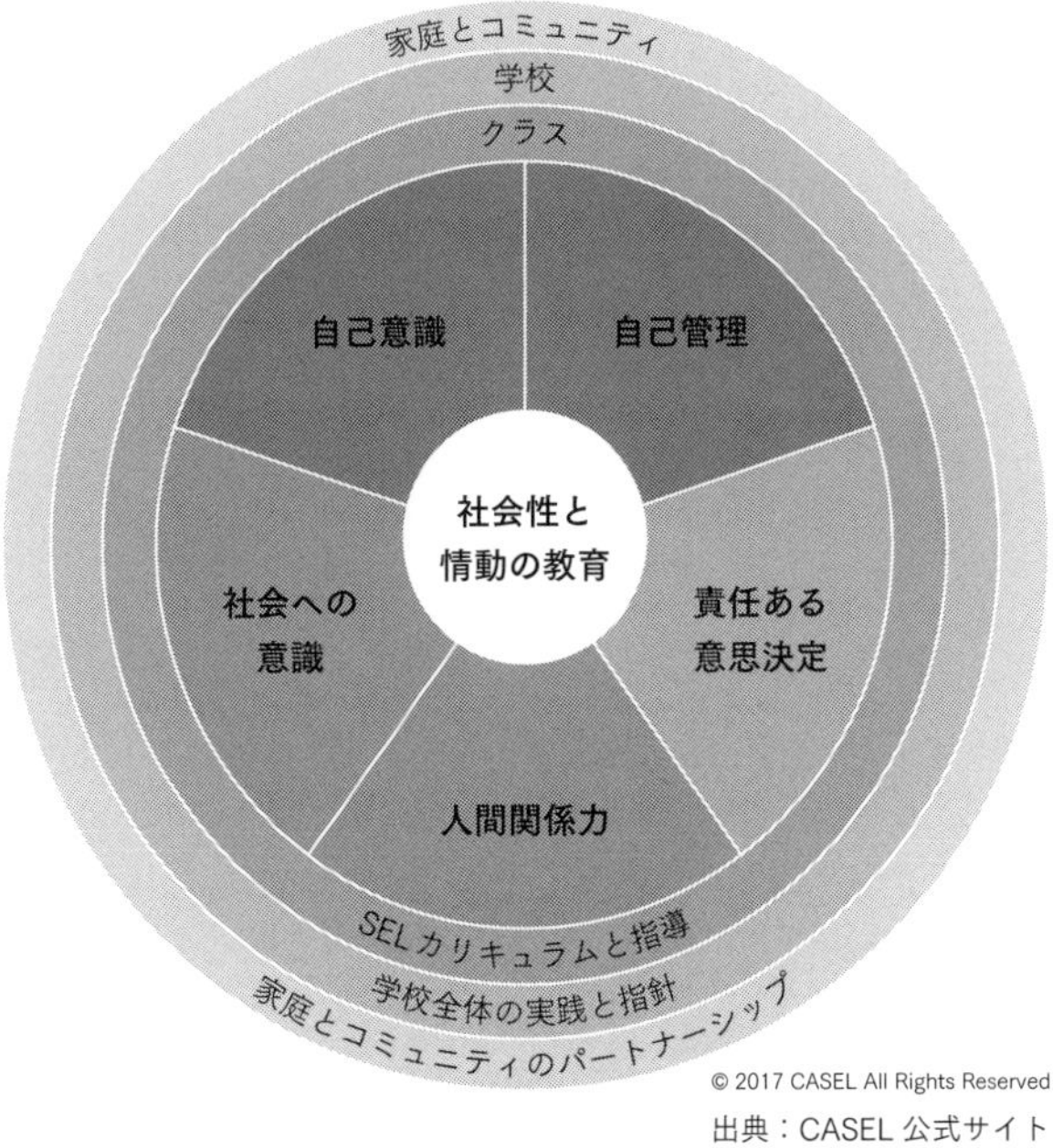

出典：CASEL 公式サイト
（筆者訳）

Districts Initiative、略称CDI）もスタートし、現在20の学区とのパートナーシップにより、SELの学区単位での学びのコミュニティが生成されている。

地方行政や自治体で導入するためにはエビデンスが大切なため、継続的に調査研究も行われている。CDIの初期メンバー8学区のSEL導入効果の調査では[*9]、オースティン（テキサス州）、シカゴ（イリノイ州）とクリーブランド（オハイオ州）で読解と数学の成績が上がったとの報告があり、シカゴでは、2012年に平均のGPAが2・19だったところが、3年後の2015年に2・65に向上し、高校の卒業率も同期間に15％増加した。学区によって導入内容や計測方法に違いはあるものの、学力と行動、学校環境での改善が見られたことが報告されている。

とはいえポジティブな結果だけではない。6学区の小学3年生の授業でSELの資質の向上が見られた一方で、中学生と高校生の間には大きな向上が見られなかった。したがって、さらなる研究が必要だとも示唆されている。まだ新しく発展途上の分野ではあるが、地域や自治体、州が注目に値するだけの生徒の学力や行動の変化のエビデンスは出ており、全米の公立や私立の学校でSELの導入は進んでいる。

2017年にCASELの依頼で公共政策のアドバイザー企業シビック・エンタープライズ（Civic Enterprises）とハート・リサーチ・アソシエイツ（Hart Research Associates）が共同実施した調査では[*10]、多くの校長が、「SELにより学校の雰囲気や市民教育への効果、生徒と教員の関係が良好になると思う」と評価している。一方、調査のベンチマークによると、25％の校長のみがS

*9　https://casel.org/wp-content/uploads/2017/04/When-Districts-Support-SEL-Brief.pdf
*10　http://www.casel.org/wp-content/uploads/2017/11/ReadyToLead_ES_FINAL.pdf

ＥＬを幅広く実践できているという結果となっており、その理由は導入を広げたくないというよりも、時間がないことに加えて、トレーニングや資金の不足が大きな原因となっている模様である。資金が潤沢にあるトップ私学ではどの学校もＳＥＬを取り入れており、納得できる調査結果と言える。

道徳とSELの違いについて

日本では心の教育として小中の道徳の教科化が行われているが、ＳＥＬは、道徳とは異なるアプローチであることを強調しておきたい。

まず道徳教育についてだが、文部科学省は、学校の教育活動全体を通じて実施するものだとした上で、小中の教科の道徳科は、「道徳的諸価値についての理解を基に、自己を見つめ、物事を（広い視野から）多面的・多角的に考え、自己（人間として）の生き方についての考えを深める学習を通して、道徳的な判断力、心情、実践意欲と態度を育てる」と示しており、道徳的価値の理解が先行していることが分かる。高校では公民科が中核となり「人間としての在り方、生き方」を社会情勢、先人の教え、そしてホームルームや生徒会といった学内の活動を通じて指導をしていくことが方針として掲げられている。

用語解説サイトのコトバンクに掲載されている『日本大百科全書』の解説では、道徳は次のように記されている[11]（一部抜粋）。

道徳は「道」と「徳」からなるが、この場合の「道」とは世の中で人が従うべき道のことであり、「徳」とはそれを体得した状態のことである。（途中割愛）

ところで、道徳にあたる英語moral（日本でも道徳のかわりにモラルという表現がよく用いられる）は「習俗」を原義とするラテン語のmoresに由来する。この側面に注目すれば、道徳とは時代的、地域的に限定された特定の社会において成立している慣習的な掟（おきて）の総体とみることができる。したがって、いわゆる礼儀（エチケット）や作法（マナー）も、道徳の一部である。小・中学校に「道徳」の教科があるのも、一つにはこうした礼儀作法への躾（しつけ）が重視されているからであろう。（途中省略）

（前略）アメリカの哲学者デューイは、慣習道徳と反省道徳とを区別した。反省道徳は道徳的善悪についての反省のうえにたった自律的な道徳で、場合によっては通用している慣習道徳を否定することもある。「道徳」と「倫理」はおおむね同じ意味で用いられるが、区別するとすれば、後者の反省道徳を倫理とよぶのが適切であろう。倫理学は、単に慣習道徳を記述するのではなく、反省道徳の立場にたって道徳の原理を探究する学問である。

つまり、日本の小中高における道徳教育は、倫理観や社会規範を身につけることで、個人の価

＊11　コトバンク「道徳」ページより
https://kotobank.jp/word/%E9%81%93%E5%BE%B3-103962

値観を育み、善良な市民を育てるという狙いが中心であることが分かる。

一方、元来心理学の研究が起点だったSELは、子どもたちが自らの感情に気づき、実践を通じてより良い判断をする経験を積み重ねることで、自己や他者への理解を深め学校や社会で協働するスキルを高めていくという個人起点のアプローチだ。スキル育成としての様々な取り組みと学力や卒業率、社会での成功といった子どもの幸せに影響する因子との相関関係を検証し、世界中で注目される研究分野でもある。将来的に善良で良識ある社会人として幸せな人生を歩める力を身につけることを狙っているため、規範ありきではない。個人の成長から、協働する力や思いやる心、良識ある行動や1人ひとりのウェルビーイングを育む中で、学力の向上や行動の改善を目指す教授法となる。

日本でSELを導入していく際には、こうした道徳との相違点を踏まえた上で効果測定を含め、狙いを明確にすることが大切である。

コラム　学校デザイン全体にSELを取り入れた中学校——ミレニアム・スクール

SELを包括的に取り入れている例として、カリフォルニア州サンフランシスコの新設私立中学、ミレニアム・スクールの実践は興味深い。ミレニアム・スクールは6年生から8年生（日本の中学2年生）の3学年80人弱が通う小規模校である。

ラボ・スクールと自称する同校は、思春期の子どもたちの健全な発達を促す教育機関のモデル校となることを目指して2016年に開校した。子どもの発達段階に応じた学びを根幹に、カリフォルニア州立大学の脳科学研究室などとも協働しながら、子ども1人ひとりのホールネス（全体性）[*12]を大切にした学校デザインとカリキュラム設計を行っている。

彼らにとって、SELは学校の文化を形成する岩盤としてとても大切な存在である。SELとプロジェクト型学習（詳細は第3章）の要素を取り入れたクエストと呼ばれる探究活動を通じ、3年間かけて、「私は何者か？」「私はどう他者と関係を築くのか？」そして「私はどう社会に貢献したいのか？」という3つの問いに段階的に答えられることを目指している。子どもたちがこれらの問いに自分なりの答えを出すためには、先述したSELで育む5つの資質が大切になってくる。

この学校を訪れて非常に印象的なのは、全体的な雰囲気がとても穏やかなことである。米国映画に出てくる喜怒哀楽の激しい学校のイメージとは対極である。

学校は、15分程度の朝の会から始まる。これにはコミュニティのサポートを体感できる役割がある。まず、生徒全員と教員が車座になって座り、3分ほど瞑想の時間をとった後に、教員や生徒が必要なアナウンスをするというスタイルである。中学生という思春期の難しい時期に、安心して自己開示や自分の可能性の探究ができる環境は、自分をよりよく知るためにも、他者と関わる力を身につけるためにも大切だ。

＊12　『ネガティブな感情が成功を呼ぶ』（原題：The Upside of Your Dark Side）では、「ホールネス」とは、自分の人格のあらゆる部分――ポジティブとネガティブな部分、強さと弱さ、成功と失敗――に心を開いてそれを受け入れ、あらゆる感情をうまく活用しながら人生の出来事に効果的に対応できる状態としている。

筆者も一度、同席したことがあるのだが、そこにいるだけでグループとの一体感や思いやりを感じ、コミュニティとしての規範が体感できる。参加者１人ひとりが穏やかな表情で朝の会から授業に向かう姿がとても印象に残っている。

さらに彼らの授業の始まりも毎回１分程度の瞑想から始まる。その意図は、心を落ち着けて授業に臨めるようにということからだそうだ。授業の多くはディスカッションをしながら進める形式が多く、ディスカッションの進め方においても、ＳＥＬの資質を体得している。

中学生の時期はぶつかり合いも多い。そこで、彼らは10〜15人程度の生徒と教員１名で話し合うフォーラムという時間を毎週持ちながら、独自のもめごとを解決するための対話メソッド「クリアリング・モデル」も開発し、入学当初から、対立を理性的に解決する術を子どもたちに伝えている。クリアリング・モデルでは、自分の発言と感情の結びつきを明確にするステップが組み込まれており、自己意識、自己管理、責任ある意思決定、人間関係力など、ＳＥＬで育みたいスキルを伸ばすことができる。

アドバイザリー——担任の新しい形

子どもから大人への掛け橋の時期である中高生の時代は、大人からの自立を求めている一方で、学業面でも精神面でも大人のサポートが必要な年代である。頼りになる大人との信頼関係があることで、生徒の学力にも良い影響を与えるというリサーチがあるそうだが、従来型の学校では大人と生徒の意義深い関係性づくりにあまり投資をしていなかった。

そこで、1990年代から私立高校（一部中学）やチャータースクールを中心に広がってきている仕組みがアドバイザリーである。生徒のことを深く理解するアドバイザーの担当教員は、生徒と学内のリソースとのつなぎ役でもあり、担当する生徒の応援団長の役目も果たしている。アドバイザリーの時間は、教員と子どもたちの信頼関係づくりに注力することで、子どもたちが安心して自己開示をし、学び合う環境となることが重要である。信頼して所属する場所があることに力点が置かれており、それにより子ども自身が自分や他者について理解を含めることができる。特にソーシャルメディアの普及で孤独感が増しているティーン[*13]にとって、アドバイザリーという居場所の価値は、今後ますます高まりそうだ。[*14]

アドバイザリーの進め方に決まりはなく、週1回から毎日会う学校、1回20〜30分の学校もあれば、頻度は少なくして、じっくり会う学校もあるそうだ。またアドバイザリーの内容も、お互いのアップデート、SEL、学業面でのサポート、将来の進路設計、大学の願書準備、ライフスキルのレッスンなど多様である。[*15]

大切なのは、信頼できる居場所となるために、話し合いが成立する人数（15〜20名程度が多いようだ）の固定されたグループで、一定期間定期的に集まれるように設計されていることである。と

＊13　Teens aren't socializing in the real world. And that's making them super lonely, USA Today, March 20, 2019
＊14　Five Tips for Teaching Advisory at Your School, Greater Good Magazine , Greater Good Science Center at UC Berkely, April 7, 2017
＊15　The Role Of Advisory In Personalizing The Secondary Experience, Getting Smart, April 21, 2015

ある私学では、高校の4年間同じアドバイザリーグループにすることで、高校生活の山や谷を共に乗り越えていく関係性づくりを目指している。

また教員がアドバイザリーへの準備をきちんと行う時間とスキルが担保されていることも重要である。近しい関係性ということでは、日本では担任と部活動の顧問が近い存在だが、狙いが異なっている。アドバイザリーは子どもと大人が真の信頼関係を構築することが目的で、グループに必要な目的からカリキュラムを設計することが求められる。

以前訪れたシリコンバレーの高校でも生徒たちが彼ら、彼女らの学校生活の中でアドバイザリーが重要な存在であることを教えてくれた。子どもから大人への掛け橋となる中高生時代は、自己意識や他者への意識を高める中で、自分の個性を磨いたり、他者との関係性の構築方法について学ぶ大切な時期である。

しかし仲間との所属意識を求める中、似た物同士のグループのパワーバランスに身動きがとれなかったり、グループ外の生徒と交わる機会は少なくなりやすい。アドバイザリーの環境があることで、子どもたちは大人との関係性を育むだけでなく、普段なら友達になっていなかったかもしれない仲間と深い信頼関係を構築する機会を得られるのである。

コラム　キャラクター・ストレングスの活用で自分を知り成長の道標とする

２０００年前半に、ポジティブ心理学の創設者であるペンシルバニア大学マーティン・セリグマン教授や故ミシガン大学クリス・ピーターソン教授により、人間の性格の最も良いところを織り成す24のキャラクター・ストレングス（性格的長所）が共通言語として発見された（92頁の図表12）。ＮＰＯ法人であるＶＩＡキャラクター・インスティテュート（VIA Institute on Character、ＶＩＡは、Values in Action の略）は、ＶＩＡ－ＩＳ（Values in Action Inventory of Strength）という無料で受けられる性格長所調査を提供しており、７６９万近くの人が調査に参加している。[16] 日本でも多くの団体や企業がキャラクター・ストレングスを活用した社会人向け研修を実施している。

人格育成のためにキャラクター・ストレングスを伸ばす動きは学校教育でも始まっている。貧困家庭の子どもたちが、大学進学を含めた自らの成功をつかむための教育機関として米国中に広がっているチャータースクールのＫＩＰＰ《キップ》（KIPP Public Charter Schools、ＫＩＰＰ＝Knowledge is Power Program の略）は、学業の成績だけでなく、生徒たちがホール・チャイルドとして成長するための人格育成にも力を入れている。[17]

ＶＩＡのキャラクター・ストレングスに注目し、ペンシルバニア大学アンジェラ・ダックワース教授、前述のセリグマン教授、ピーターソン教授らは、ニューヨーク郊外のエリート

＊16　https://www.viacharacter.org/about
＊17　https://www.kipp.org/approach/character/

校リバーデール・カントリー・スクール（Riverdale Country School）[*18]と共同で、小中高にフォーカスしたフレームワークを開発した。そのフレームワークでは、積極的に、幸せで充実した人生を送るために必要な7つのキャラクター・ストレングスを定義している（筆者訳）。

・熱意（Zest）――積極的かつエネルギッシュに取り組む
・グリット（Grit）――長期的な目標に対しての忍耐力や情熱
・楽観性（Optimism）――ポジティブな可能性にあふれた未来への自信
・自己調整力（Self-Control）――短期と長期の目標との整合性がとれるように、自らの言動を調整する力
・感謝の気持ち（Gratitude）――他者から受け取る恩恵への感謝を示したいという願い
・社会性（Social Intelligence）――他者の気持ちを理解し、それに応じて行動を調整する力
・好奇心（Curiosity）――新しいことをオープンな気持ちで探索できる積極性

このようなキャラクター・ストレングスの様々なポイントは、トップ私学の受験エッセイでも問われている。最近では、高校進学の標準テストを提供するＥＭＡ[*19]（Enrollment Management Association）も試験的に、キャラクター・スキル・スナップショット（ＣＳＳ＝Character Skills Snapshot の略）、現時点での人格性格スキル診断）という20分ほどで完了する診断

＊18　ジョン・F・ケネディやロバート・ケネディも一時期通っていたと言われる名門校。
＊19　https://ssat.org/snapshot

図表12 VIAの分類による24のキャラクター・ストレングス

叡智（Wisdom）	想像力	好奇心	判断力	学びへの愛	視点／視野
勇気（Courage）	勇気	忍耐	正直さ	熱意	
人間性（Humanity）	愛	優しさ	ソーシャルインテリジェンス		
正義（Justice）	チームワーク	公平性	リーダーシップ		
節制（Temperance）	慈悲	謙虚さ	慎重さ	自己調整力	
つながりや存在意義（Transcendence）	審美眼	感謝の心	希望	ユーモア	精神性

出典：The VIA Classification of 24 Character Strengths, viacharacter.org（筆者訳）

を提供しており、一部の上位校の受験要項において提出が求められている。

CSSはEMAと私学のリーダーたちにより共同開発され、学校生活が充実したものになるために望ましい人格スキルを表している。テストやエッセイ、インタビューだけでは見えてこない生徒のキャラクター・ストレングスを理解するためのツールという位置付けである。CSSで測られるスキルは以下の7つで、KIPPのフレームワークと似ているが、よりリーダーシップや協働するスキルが問われている。

・社会認識力 — Social Awareness
・チームワーク — Teamwork
・レジリエンス — Resilience
・学業への関与度 — Intellectual Engagement
・オープンマインドさ — Open-Mindedness
・自己調整力 — Self-Control
・イニシアティブ — Initiative

リバーサイド・スクール（Riverside School）の入試課ディレクターのジェナ・キングは、「入学考査のプロセスでは、私たちは様々な観点からお子さんについて知りたいと思っています。認知能力や認知能力のパフォーマンスを測るツールはたくさんありますが、私たちが今とても知りたいと思っているのは、お子さんの人格がどのような状態なのかなのです」とEMAのインタビューに答えている。

このほか、フィリップス・アカデミー・アンドーバーの入試ディレクターのジル・トンプソンは「CSSによって、生徒についてより近い距離で知ることができます。我々がCSSを使う理由は、人格がとても大切だからです」と、キャラクター・ストレングスの発達がトップ校での学校生活においていかに重視されるか強調している。

人格育成というのは昔から英国のボーディングスクールでは強調されていたが、米国では社会科学の研究で非認知能力の人生を揺さぶる力の大きさが分かってきてから、地域や学校単位で広がっている。非認知能力の重要性を示した最も著名な研究は「マシュマロ・テスト」であるが、2000年代からポジティブ心理学の発展や心の知能指数（EQ）という考えの普及、SELの分野が活性化したこともあり、多くのトップ校や先端校では、ホール・チャイルド、性格長所の育成などのスローガンをもとに取り組みが広がっている。

人格育成は道徳性という社会の規範やルールのもとに「あるべき」姿が規定されていると

いうよりは、組み合わせにより1人ひとりのユニークな人格や性格の長所があり、そこに気づき、大切にしながら学校生活の中で育んでいこうという考え方である。したがって、先生と生徒間の話し合いのもとに、個別の目標設定と進捗確認が求められる。

『成功する子　失敗する子――何が「その後の人生」を決めるのか』（原題：How Children Succeed: Grit, Curiosity, and the Hidden Power of Character）には、前述のリバーデール・カントリー・スクールのランドルフ校長による次のような発言が紹介されている。

「移住用の幌馬車に乗った西部開拓者の場合だろうと、1920年代に南イタリアからやって来た移民のケースだろうと、アメリカには懸命に働いて本物の気概を示せばきっと成功者になれるという考え方が常にあった。おかしなことに、いまの私たちはそれを忘れてしまっている。あらゆる物事を楽にやり過ごして大学進学適性試験で満点を取るような人々に、いかにもすごいことをしているかのような評価を与えてしまう現状が私は心配だ。結果として、長い目で見れば失敗のお膳立てをしているだけだと思う。そういう人物が突然困難に直面すれば、正直に言って持ちこたえられないと思う。そうした困難に対処できる能力を育ててこなかったのだから」

「魚を与えるのではなく、魚の釣り方を教えなさい」という格言があるが、子どもたちが自己理解を深められるよう主体的に人格育成に関わることは、釣る方法を粘り強く工夫し続ける資質やスキルを育むために大切であろう。

2　身（body）

人格教育の要となるアートや舞台芸術教育の重視

米国のトップ私立高校を訪れて驚くのが、どの学校も人格教育の一環として、アートや舞台芸術教育をふんだんに提供しているところである。米国の第一線で活躍するビジネスエリートにアーティスティックなセンスやスキルの高い人が多いのがうなずける豊富な選択肢である。どの高校でも、美術、デザイン、映像、音楽、舞台芸術などを含むプログラムは、アカデミックとスポーツに並ぶ3大プログラムのひとつとして紹介されている。

アートは、絵画、陶芸、彫刻、版画、写真、建築、デジタルアート、３Ｄ（三次元）デザイン、映像制作。舞台芸術は、様々な種類のダンス、脚本、衣装製作、ステージ技術、パペット、お芝居、ミュージカル、パブリックスピーキング。音楽は、合唱、バンド、オーケストラ、ジャズバンド、エレクトロニックミュージック、室内楽、作曲など幅広い選択肢が提供される。

また、体育館を併用するのではなく、学校内に劇場やリハーサルスタジオ、ダンススタジオ、音楽スタジオ、映像スタジオがある学校も多く、ギャラリーを併設している学校も少なくない。高校の場合は、入試の時にポートフォリオや音楽ファイルなどを提供することも可能で、勉強だけでなく、アートや舞台芸術に秀でた子の入学も積極的に考慮したいという姿勢が表れている。

数学や社会、科学などは世界について幅広い知識や考察力を育むために大切だが、自分について深く知る機会や自己表現の機会は限られている。アートプログラムの幅広い選択肢から、生徒1人ひとりが関心のある道を深めることにより、ホール・チャイルドを育てるという方針は伝統校にも先端校にも共通する大きな潮流と言える。

米国のトップ校が、いかに幅広いアートプログラムを提供しているかを図表13にまとめた。日本では東京や大阪であれば、学外の選択肢を見つけることもできるかもしれないが、米国のトップ校は多くが郊外にあるため、学校にリソースが集められているという特徴もある。特に寮制の学校ほど幅広い分野に分かれたクラスが提供されている。音楽、舞台、美術の専門学校と思えるような施設だが、卒業後にプロのアーティストやデザイナー、演奏家、音楽家といった道に進む生徒は少ない。多くの生徒は自分の関心の対象や自己表現手段として芸術活動を楽しんでいる。

チョート・ローズマリー・ホールでアート部門のディレクターを務めるケイラ・ヤナトは、芸術、音楽や総合芸術教育のミッションについてこのように述べている。

「アート部門のミッションは、生徒に固有のアーティスティックな可能性に気づき、すべての生徒をインスパイアし、育て、サポートすることなのです。我々は勇気を持った探究、自己認識、

図表13　米国のトップ10私立高校のアートプログラム（2019～2020年）

		アート	音楽	舞台芸術
1	Phillips Exeter Academy（ボーディングスクール・共学）	12クラス＝絵画、3Dデザイン、陶芸、写真など ・絵画、デッサン、写真、陶芸、版画、デザイン、デジタルメディアなどの教室とギャラリーを併設し、学内外の作品を展示	22クラス＝理論、アフリカンドラム、オーケストラ、室内楽、合唱など ・練習部屋24室、グループ練習部屋4室、リサイタルホール3つ、レコーディングスタジオとコンサートホールを併設	24クラス＝演技、ダンス、映像制作、脚本制作、舞台制作など ・舞台2つ（350席と149席）とダンススタジオ2つ、衣装スタジオ、舞台プロダクションの部屋などがある
2	St. Mark's School of Texas（男子校）	11クラス＝絵画、陶芸、映像制作、3Dデザインと木工など ・小学校5年からインダストリアルデザインの授業が始まり、中学で電動機械の使い方を学ぶ ・短編映画の映画祭での上映実績あり ・生徒のアート作品は、ダラスの街中に展示されている	8クラス＝吹奏楽、オーケストラ、ピアノ、合唱など ・合唱は5年生から。2年に1回海外ツアーも行う	5クラス＝演技や舞台制作など
3	Phillips Academy Andover（ボーディングスクール・共学）	26クラス＝絵画、デッサン、陶芸、版画、映画、デジタル写真、デジタルファブリケーション、織物、建築、視覚学、美術史など ・アメリカ芸術のギャラリー、考古学美術館、映像・写真の編集スタジオも併設	17クラス＋9つの演奏系部活（オーケストラなど）＝音楽史、理論、作曲、オーケストラ、室内楽、電子音楽、ミュージカルなど ・プライベートレッスンも追加可能	20クラス＝芝居、ダンス、ライティング、衣装製作のレッスン、パブリックスピーキング、コメディ、ミュージカル、ダンス、演劇の舞台など ・400名収容の劇場と、小規模のブラックボックス劇場がある
4	The College Preparatory School（共学）	7クラス以上*＝絵画、デッサン、デザイン、彫刻、デジタルツール、写真、など ・メイカースペースとの共同クラスも	8クラス以上* ＝楽器、オーケストラ、室内楽、ジャズバンド、音楽理論など	7クラス以上*＝ダンス、ダンス舞台、演劇、舞台、舞台制作、舞台テクノロジーなど ・劇場1つ
5	Trinity School（共学）	10クラス以上*＝絵画とデッサン、陶芸、写真、版画、美術史など	9クラス以上*＝音楽制作、作曲、合唱、ギター、声楽／アカペラ、オーケストラ、ジャズなど	5クラス以上*＝演技、脚本作成、舞台技術、舞台演出など ・670名、219名、75名収容の劇場やチャペルがある
6	Harvard-Westlake School（共学）	29クラス＝平面と立体アート、メディアアートなど	29クラス＝声楽、楽器、作曲、オーケストラ、吹奏楽、ジャズバンド、音楽史、音楽理論など	27クラス＝演技、舞台制作、舞台技術、衣装製作、ダンス、振り付けなど ・劇場、ダンススタジオ（ダンスは体育の単位になる）
7	Stanford Online High School（共学）	1クラス＝デッサン	2クラス＝音楽理論、音楽史	なし
8	Choate Rosemary Hall（ボーディングスクール・共学）	22クラス＝絵画、デッサン、環境アート、建築デザイン、陶芸、ジュエリー、写真、映像制作、美術史、映画史など	15クラス＋16以上の個別レッスン＝音楽理論、音楽史、音楽制作、作曲、合唱、ギター、声楽、ジャズ、オーケストラ、吹奏楽など	20クラス＝演技、インプローブ、脚本作成、演劇史、舞台制作、舞台技術、衣装製作、ダンス、ダンスプロダクション、振り付けなど
9	Castilleja School（女子校）	5クラス＝絵画、デッサン、陶芸、写真など	5クラス＝声楽、作曲、音楽制作、音楽理論など	6クラス＝オーケストラ、合唱、演劇と映画の部活あり ・1年にミュージカルと演劇のプロダクションを合計2回開催
10	The Lawrenceville School（ボーディングスクール・共学）	34クラス＝絵画、デッサン、デザイン、建築、陶芸、写真、映像制作、デジタルファブリケーション、ビデオジャーナリズムなど	12クラス＝オーケストラ、ジャズ、声楽、音楽理論、アコースティックなど	16クラス＝演劇、舞台演出、舞台制作、文化産業史など

出典：各学校の公式サイトと学校資料

＊　公表されているコースのみなので、実際にはさらに多い可能性あり

そして各生徒が自らのクリエイティブな声を発見する、協働による文化的な理解を促進します」

ヤナトのコメントに表現されているように、芸術や音楽、総合芸術教育は個別のアーティスティックスキルを育むことだけが目的なのではない。生徒たちは、自らの関心分野を選び、表現活動という正解のないチャレンジを通じて自分への理解を深め、協働の醍醐味を知るという機会を得ている。まさにクリエイティブ・リーダーシップを発揮するための素養が育まれる場となっているのだ。

さらにヤナトは、芸術、音楽や総合芸術教育により様々な認知能力も育まれると付け加える。

「アートは世界への架け橋として、何が起こっているのかを理解する方法や、過去をのぞく方法、これからを予測する方法を提供します」

将来のエリートを育てる教育機関がこぞって芸術や音楽、総合芸術教育に力を入れているのは、ホール・チャイルドとしての人格形成だけでなく、高い思考力を育む目的もあることが分かる。

日本の高校では、特別に指定された教育機関でない限り、芸術や音楽、総合芸術教育の選択肢および取り組める時間数もかなり限られている。受験の対象にならない副教科という扱いではなく、正解のない問いに向かって探究や協働する資質やスキルを育む大きな役割があるという視点でその役割を考え直してみることをお勧めしたい。昨今、ビジネス界ではアート思考といったクリエイター起点の思考法が話題となっているが、これからの時代の新・エリートの裾野を広げるためには、一般の高校においてこそ芸術や音楽、総合芸術教育の拡充を期待したい。

コラム　総合芸術、音楽、スポーツが大学入試や社会で役立つわけ

個人主義の国である米国では、「あなたは何者なのか？」ということを簡潔に表現する能力は、ツイッター（Twitter）やインスタグラム（instagram）のようなソーシャルメディアでの自己表現だけでなく、日常生活の基礎スキルとなっている。特にプロジェクトに応じて異なるメンバーと仕事をするクリエイティブ・リーダーには必須スキルと言えるだろう。筆者が長年いたインターネット業界でも、エレベーターピッチといって、魅力のある会社かどうかを1分で伝える力は起業家が身につけるべき必須要件であった。

米国の大学入試で必須となった「パーソナル・ステートメント（Personal Statement、志望動機書）」のエッセーでも同様に生徒が何者なのかを短いスペースで表現することが期待されている。2020年6月現在で884の大学が採用する共通入学願書システムのコモン・アプリケーション（common app）（アイビーリーグやスタンフォード大学などトップ大学でも利用されている）[20]のエッセーに関する項では、生徒自身の関心、個性や特性、失敗からの教訓、解決したい課題といった個人的な体験や学びから自身の価値観や視点、将来への願いなどを表現することが求められている。

大学だからといってアカデミックな探究心が強く、学術的な研究分野への関心を表現する

＊20　https://www.commonapp.org/

ことがベストというわけではなく、大学は多様な才能、バックグラウンドや関心を持つ生徒を求めている。学力はGPAや標準テストで判断される。そのため、エッセーで大切なのは、生徒本人が大学コミュニティに貢献し、卒業できるグリットや学びへのマインドセットなどの非認知能力を兼ね備えていることを、自身をよく理解した上で真正に表現する力である。

生徒の関心の多様性を考えると、希望した活動に真剣に取り組むことで自身の人格を高め、他者協働する力を育む経験として、総合芸術、音楽、スポーツの幅広い選択肢は貴重である。与えられたものではなく、自ら選んだ活動に対して努力を積み重ねることで、生徒自身が人格を成長させた姿がありありと伝えられると、それは唯一無二の「自身の物語（ストーリー）」としてアドミッション担当者の記憶にも残りやすい。GPAや標準テストでは伝えられない「なぜ私はこの大学で学ぶべきなのか（Why）」を語るために必要なのは、後述するコルブの経験学習のサイクルを経た生徒の姿である。

さらに大学卒業後を考えると、宗教や政治の話はタブーである米国で、共通の話題や協働のテーマとしての総合芸術、音楽、スポーツの存在は大きい。コンプライアンスの厳しさもあり、表現や意思伝達に人一倍気を使わなくてはいけない新エリートにとって、人種や宗教の壁を超えられる総合芸術、音楽、スポーツこそ、ますます重要なコミュニケーションツールになるのである。

一斉科目ではない体育――スポーツとウェルビーイングという考え方

米国の私立高校を訪れるとトップ校に限らず、「体育」という全員が義務的に履修する一斉授業はない。しかし、自由に選択できる、競技や趣味としてのスポーツはあり、そのほか、ダンスやヨガなどの競技ではないが心身の健康のための運動も数多く用意されている。体育は、子ども1人ひとりのウェルビーイング*21（Well-being）を実現する身体を使った学びという考え方で設計されているのだ。

オリンピック選手や多くのスカラシップ（奨学金）選手も輩出しているカリフォルニア州の名門私立高校、ハーバード・ウェストレイク・スクール（Harvard-Westlake）では、21のスポーツからシーズンごとに選択することができる（一部のスポーツのみ通年）。施設も体育館とプールだけでなく、アスレチックジム、野球場と充実している。

スポーツへの参加は、競技スポーツとして活躍したい選手のためのバーシティ・チームと、楽しみを主眼とする生徒のためのジュニア・バーシティに分かれている。日本の大学を例に取ると、バーシティ・チームは体育会、ジュニア・バーシティはサークルに近い。バーシティ・チームでは入部テストを受けなくてはならない場合も多く、高い競技レベルで州や全国を目指す生徒が参加する。バーシティ・チームのトップアスリートの中には奨学金を得て大学でプレイする学生も

＊21　一般にウェルビーイングとは、身体的、精神的、社会的に良好な状態を指す。"PISA 2015 Results（VOLUME III）: Student' s Well-being"では、「生徒のウェルビーイングとは、生徒の総合的な発達と生活の質を指す」と記されている。

いる。

前述の通り、競技スポーツ以外の科目では、ダンスやヨガ、ストレッチやオフシーズンのトレーニングといった競技ではない運動も用意されている。まさに自分の関心や好みから、自分のゴールに合った形でパフォーマンスを発揮することが求められている。健康を維持するための運動を目的とするミュージシャン系高校生と、体育会系フットボール選手では、設定する目標や練習内容が違うのは自然なことである。中には舞台もスポーツも本気という学生もいる。

高校は履修科目も多く、部活や様々な課外活動に加えて大学受験もある高校生はとても忙しいことを考えると、体育に加えて部活で2～3時間練習するよりも、選択スポーツや運動が体育の単位に換算されるのは、とても理にかなっている。日本の大学の体育会も活動が単位に換算される措置があるが、それが高校に適用されているイメージだ。

アスリートの場合、スポーツスカラシップを獲得することで学費免除もしくは減免で大学進学を目指す道があり、バレーボールや水球、バスケットボール、フットボールなどで目指す生徒も多い。しかし、スポーツスカラシップは、実際にはとても狭き門である。米国の高校生アスリートの7％しか大学の公式チームでプレイをしておらず、一部リーグとなると高校生アスリートの2％未満という調査結果が出ている。[*22] そのため、バーシティとジュニア・バーシティのように、本人の目標に応じて関わり方が変えられるのは生徒本人に選択肢を与えることになる。これは公式戦のレギュラーかどうかにかかわらず同じ拘束時間で同じ練習量と一律になりがちな日本の学

＊22　http://www.scholarshipstats.com/varsityodds.html

校にも、ぜひ参考にしていただきたいアプローチである。

また、近年日本の企業でもウェルビーイングが話題になっているが、本章のはじめにお伝えしたように、米国の高校では精神的な辛さや鬱の症状を抱える学生も多い。ウェルビーイングの観点で運動を考えると、各生徒の個性や目標を鑑みた時にふさわしいスポーツや運動を選ぶ機会を与える意義は大きい。運動のテクニックを学ぶだけでなく、自ら設定する目標に向かって努力をしたり、志の近い仲間と切磋琢磨しながら協力することで得られる学びは、教員から与えられた種目をこなすこととは異なる意欲や努力につながるはずだ。

運動有能感に関する研究[*23]では、運動を楽しむには３つの構成因子、（1）身体的有能さの認知（運動ができる）、（2）統制感（努力すればできる）、（3）受容感（仲間が支えてくれる）が運動への内発的動機に影響することが指摘されている（カッコ内は筆者による因子詳細の要約）。これは、どの子にも運動有能感を感じられるためには、全員同じではなく、個別化された選択肢が有用であることを示唆している。

体育と部活に分けるという日本の従来型の管理手法は、組織運営の考え方としては分かりやすいが、ホール・チャイルドのウェルビーイングという観点で捉え直すと、子どもの関心に沿った選択肢から選ぶという考え方もあるのではないだろうか。

特に中学から高校へ進み勉学や競技レベルが上がるにつれて、全員が同じ体育を行うという考えから、ウェルビーイングを維持するための運動と、競技スポーツとしての運動を分けて、より

＊23　山地啓司編著（2005）『子どものこころとからだを強くする』（市村出版）

個別化するメリットは大きい。

予算が限られたチャータースクールなどでは、一斉授業としての体育は廃止し、放課後の選択制の活動としてのみ運動を導入している学校もある。学校の状況により柔軟に考えるべきだが、生徒により選択の余地を増やすことで、運動能力だけでなく、ウェルビーイングを高めるための科目となってほしいものである。

コラム　〝A（アート）〟が主要教科の学力向上につながる理由

芸術教育が学力の向上につながっていることが様々な研究で明らかになりつつある。カリフォルニア大学ロサンゼルス校（UCLA）の認知科学者であるコートニー・クラークとロバート・ビヨルクは、従来の教育では「学び」と「学びへのアクセス」を混同していると指摘する。短期記憶は必ずしも長期記憶につながる学びにつながらず、長期記憶につながる学びは、「適度な困難（desirable difficulties）」を通じて失敗を積み重ねたのちに生まれるという。*24

そこで長期記憶につながる学びのひとつとして注目されているのが、「アート・インテグレーション」という芸術教育の要素の他教科への導入である。幅広い芸術の分野の何をどのように導入すると、どのような効果があるのかは、これから研究が進んでいく分野だが、そもそも、なぜ長期記憶につながると考えられているかについて少し触れておきたい。

*24　Courtney M. Clark and Robert A. Bjork (2014). When and Why Introducing Difficulties and Errors Can Enhance Instruction, Applying Science of Learning in Education: Infusing Psychological Science into the Curriculum, American Psychological Association

芸術活動に取り組む子どもたちについては[*25]、読解力が弱い子の学力を特に引き上げたり[*26]、IQの向上につながる[*27]といった調査結果がある一方、芸術活動で忍耐強さや振り返る力といった非認知能力を身につけた子どもたちが結果的に学力向上にもそれらの力を活かしている[*28]という考え方もあるようだ。

芸術活動を授業に取り入れることで、繰り返し（Rehearsal）、深めること（Elaboration）、生成すること（Generation）、身体表現（Enactment）、声に出す（Oral production）、意味発見への努力（Effort after meaning）、感情の揺さぶり（Emotional arousal）、視覚的な表現（Pictorial Representation）という長期記憶につながる8つの要素を含む活動に、生徒が楽しみながら取り組めるとリンネたちの研究では提唱している[*29]。

本書で紹介しているヌエバ・スクールやハイ・テック・ハイはプロジェクト型学習の実践の中で有効的にデザインや美術、造形を取り入れており、子どもたちが作品の完成を通じて粘り強さや自己効力感を高めていることが伝わってくる。

現在日本でもSTEAM（科学、テクノロジー、エンジニアリング、アート、数学）教育という言葉が聞かれるようになってきたが、様々なプログラムを拝見しても、プレゼンテーションといったことを除けば、どこに〝A〟（アート）の要素が反映されているのかと思う内容も多い。科学的実証に基づいた学力のさらなる効率的な向上という視点で捉え直すと、より学習活動の中に、芸術活動を有効的に取り入れていく機運も盛り上がるのではないだろうか？

＊25　Fiske (1999)
＊26　Mariale Hardiman et al. (2014) The Effects of Arts Integration on Long-Term Retention of Academic Content
＊27　Posner and Patoine (2009)
＊28　Hetland and Winner (2004)
＊29　Luke Rinne et al. (2011) Why Arts Integration Improves Long-Term Retention of Content, Mind, Brain, and Education

3 頭（mind）

深い学びの教授法として最も日本で注目されているのは探究学習だが、米国のトップ校や先端校では、様々な深い学びの教授法を取り入れている。ここでは、「サービス・ラーニング」「体験学習」「探究学習」「プロジェクト型学習（PBL）」「ハークネス・メソッド」の5つを紹介したい。

生徒にチョイス（選択）とボイス（意見）がある サービス・ラーニング

「サービス・ラーニングが、若者が有能な市民として認められたいニーズを満たすことしかできなかったとしても、それだけで、存在すべき正当な理由です」[*30]とはある教育者の言葉である。

米国のトップ私立高校や先端校は、責任感があり、行動力のある市民として、社会に貢献するクリエイティブ・リーダー育成に力を入れていることは繰り返している通りだ。そこで、生徒が

＊30 What' s Wrong with Youth Service. Princeton University Press. (1987)

社会課題にリアルに向き合う手段として、幅広く取り入れられているのが「サービス・ラーニング（Service Learning）」である。

サービス・ラーニングとは、何か？

それは、学びの目的と整合性を取りながら、地域の企業、ＮＰＯ、地域団体、校内の施設（例：カフェテリアなど）を支援するプロジェクトやアクティビティに生徒が取り組むものである。ジュディス・Ｔ・ウィットマーとキャロライン・Ｓ・アンダーソンの共著『高校のサービス・ラーニングプログラムの設立方法』（未訳、原題：How to Establish a High School Service Learning Program）によると「サービス・ラーニングがボランティアと大きく違う点は、社会の現場ニーズを支援するだけでなく、その行為自体について振り返る活動があるために、最適な学びの機会が得られることである」と記されている。同書では、サービス・ラーニングと他の学びの種類について、比較図（図表14）が紹介されている。

学校の地域コミュニティへの関与は20世紀はじめにアーサー・ダンが社会の授業でコミュニティサービスを取り入れたことに端を発する。[*31] その後、米国の教育哲学者ジョン・デューイなどが提唱した、体験学習（Learning by Doing）、すなわち行為から人間は学ぶという理論などがベー

図表14　サービス・ラーニングと他の学びの比較

生徒行動のカテゴリー	授業での例	校外活動での学びの例
行動する（演じる）	シミュレーション 実験 モデル作成	ボランティアと奉仕 インターンシップ
振り返る（考える）	講義 記憶 書き物 読み物	美術館プログラム フィールドトリップ
行動して振り返る	課題中心の指導	**サービス・ラーニング**

出典：Judith T. Witmer and Carolyn S. Anderson（1994）. How to Established a High School Service Learning Program, ASTD
（筆者訳）

スとなり徐々に広がりを見せた。さらに１９７９年にはロバート・シモンが「サービス・ラーニング——３つの定理」を発表[*32]したことで、教育手法として確立された。

１９８５年にキャンパス・コンパクト（Campus Compact）という大学連合が州連合教育委員会（Education Commission Education Commission of the States）により設立されたことで、協力関係によって全国に普及する足がかりができた。そして１９９０年に国家と地域のサービス法（National and Community Service Act of 1990）が施行されたことで、各州にも考え方が普及していった。１９９２年にはメリーランド州が、州全体の高校卒業の要件にサービス・ラーニングを盛り込み、隣接する首都ワシントンＤＣも同年に同様の措置を決定した。２０１４年の時点では、23州で高校卒業の単位となり、６州では、地域のニーズにより、卒業単位もしくは表彰の対象としてサービス・ラーニングの実施が認められている。[*33]

元々のサービス・ラーニングの狙いは前述した通りである。一方、コミュニティサービスが大学入試に有利になるという調査結果もあり[*34]、トップ大学を目指す学生の多くは積極的にサービス・ラーニングに参加するという現実もある。

サービス・ラーニングの時間計測を行う企業x2VOLの依頼でＩＥＳＤが実施した調査によと、「58％の大学入試担当者は、生徒のコミュニティサービスの経験が合格に有利に働く」と回答している。トップ私立高校ではサービス・ラーニングの機会を豊富に設けており、１人ひとりが関心を持つテーマの活動に関わることができる環境が備わっている。例として、２つのトップ

＊31 https://www.richlandcollege.edu/bc/outreach/servicele

＊32 Elon University, Defining Service-Learning

＊33 High School Graduation Requirement or Credit towards Graduation - Service-Learning/Community Service, January, 2014, 50-State Comparison, Education Commission of The States

＊34 New Survey Shows Value Of Community Service In College Admissions, Forbes, April 5, 2018

私学では、どのようなサービス・ラーニングが行われているかを紹介する。

サービス・ラーニングに積極的なトップ私学の社会貢献活動

フィリップス・アカデミー・アンドーバー（Phillips Academy Andover）[*35]では、「ノン・シビ（non sibi）〔ラテン語で、自分のためではない〕」という精神のもと、公共の目的に生徒の学びを役立てることを重んじている。「ノン・シビ・ウィークエンド（Non Sibi Weekend）」という社会課題への意識、行動、振り返りをテーマとした週末イベントも開催し、地域のパートナーとなる団体や企業と生徒がつながるきっかけを作っている。９年生は子どもやファミリー、10年生には、環境、11年生には健康と飢餓、そして12年生はホームレスや住宅問題とテーマが設定されており、生徒は各学年のテーマと関連する支援団体に関わっている。小学生に科学に関連するアクティビティやゲームを実施する団体、動物保護施設、軍人へ手紙を送る団体など30のパートナー団体に４０0名以上の生徒が参画している。学期中、毎週行われる活動には、生徒の３割以上が常に参加している。

フィリップス・エクセター・アカデミー（Philips Exeter Academy）[*36]では50人程度の生徒が運営するクラブが30以上の地域のパートナーとなる団体や企業を支えており、常に生徒の半数が活動しているそうだ。各自の得意分野を活かすことで、他者に貢献することが奨励されている。生徒が

*35　https://www.andover.edu/living/community-engagement
*36　https://www.exeter.edu/exeter-difference/serving-others

立ち上げたプロジェクトには、英語でシリア難民の子どもに紙飛行機の作り方を教えるプロジェクトや、馬小屋の清掃など、生徒の関心がコミュニティへの貢献につながっていることがうかがえる。

これらのトップ私立高校の学生の多くは、将来のリーダー候補、エリート予備軍である。どの学校も、財界、経済界、音楽界、演劇界などに錚々たる卒業生を輩出している。スカラシップ制度などがある一方、財政的に恵まれた家庭の出身者も多く、米国が直面する様々な社会課題に向き合わずに育った生徒も少なくない。サービス・ラーニングは学びの実社会への関連性に気づくだけでなく、社会に貢献するリーダー育成や地に足がついた人格形成のためにも大切なプログラムとなっているのだ。

日本では、学内の清掃、班の学級活動や給食など、小さい頃から学内コミュニティに貢献する活動が豊富に実施されている。加えて昨今ＳＤＧｓ（持続可能な開発目標）の学校現場での認知拡大により、社会課題に生徒が取り組む機会も増えてきている。

一方で、高校の単位として認められ、生徒たちが自らの得意や関心をベースに選択できるサービス・ラーニングを実施している学校はまだまだ少ない。世界や地域社会の課題に対して生徒が自らソリューションを提供する実感を味わえる経験の積み重ねは、市民意識を高めるだけでなく、生徒の自己認識や自己肯定感、自己効力感の向上にもつながっていくだろう。

体験学習による心身頭の教育

教育思想家で哲学者のジョン・デューイが１９３８年に上梓した『経験と教育』（原題：Experience and Education）は伝統的教育や進歩的教育という学派ではなく、子どもの豊かな成長を促進する学びの質を上げるために、子ども１人ひとりの経験の連続性と、経験と客観的条件（家庭環境、学校環境など）の相互作用という2点に着目した。その上で、これらがもたらす教育的機能や育む能力の背景にある原理を理解することが大切であることを明らかにした。

デューイは経験の連続性について、「あらゆる経験は、それがさらに進んだ経験がなされるための条件に対してある程度の影響を与えるため、良い方向性にも、甘やかしてしまうような方向性にも働きうる。また、両親が赤ちゃんの就寝時間や遊び方について制約を与えることや、家庭の財政的な状況や社会の違い、時代背景など経験を引き起こす源は個人の外にあるために、子どもの経験と客観的条件は、主従関係ではなく相互に作用している」と述べている。*37

したがって、「経験に根ざした教育の中心的課題は、継続して起こる経験の中で、実り豊かに創造的に生きるような種類の現在の経験を選択することにかかっている」*38という。その選択の鍵を握るのは学校においてはカリキュラムや教員、カウンセラーといった存在になる。

さらにデューイは、「教育者が、未熟なものが経験するうえでの条件を組織するのに力を貸さないようでは、その教育者のもつ優れた透察力を投げ捨ててしまうことになる。そのようなこと

＊37　ジョン・デューイ（1938, 2004）『経験と教育』市村尚久訳（講談社学術文庫）　p55
＊38　前掲書 p35

になると、教育者にとっては、未成熟者より決定的に優れて成熟しているという特質は意味をなさなくなる。「経験を動いている力として判断し、そのような力を指導するよう経験の動力を考慮しないようでは、教育者は経験の原理それ自体に誠実に対応していないことになる」とも記す。[33]

デューイの影響を受けて1940年代に人事の研修から始まった体験学習（Experiential Learning）は、1950年代に少しずつ広がりを見せ、1960年代から1970年代にかけて、セラピーやグループトレーニングの文脈でフレームワークが開発され、その適用範囲も広がって人気も増した。これらのモデルにより、体験学習は、教授法としての正当性を持つようになり、様々な領域で活用されるものへと成長したのである。

1970年代に開発されたモデルは、より個人の成長にフォーカスしたものとなり、最も良く知られるモデルの1つとしては、ケース・ウェスタン・リザーブ大学デイビッド・コルブ名誉教授の開発した、コルブ経験学習モデルがある（図表15）。

このモデルは、個人の学びは具体的経験→省察的観察→概念の抽象化→能動的な実験のサイクルで蓄積されているという理論で、学びのサイクルのステージに応じて、異なった学びのモードとなるため、学ぶためには4つのサイクルを経ることが大切だと言われている。日本でも人材開発の分野で多用されている。

このように、体験学習とは1人ひとりが新たな経験を積み、その経験を振り返ることで成長につなげようという意図を持った教育であり、多くのトップ私立高校で取り入れられている。体験

＊39　前掲書 p53

学習には、インターンシップ、旅、アウトドアプログラム、留学、環境教育プログラムなど様々なプログラムがあり、トップ校はこぞって豊富な体験の選択肢を提供している。

ローレンスビル・スクール（The Lawrenceville School）では、ロープを使ったフィールドコース、学内農園運営、サステイナビリティプログラム、部活動と連携した海外訪問プログラム、1年の留学プログラムなどが用意されており、生徒がこれらの幅広い選択肢から自分に合ったプログラムを選ぶことができる。

学内農園に生徒が関わる目的は、手と頭と心を土地につなげて栄養価の高い食物を育てることで、コミュニティをより豊かにすることにある。4エーカー（約1万6000平方メートル）の畑と20エーカー（約8万1000平方メートル）の牧草地、3つの温室と観賞用庭園があり、15種類もの野菜を育て、豚肉や羊肉、ホットソース、メープルシロップ、ハーブ、花などを学校に提供している。[*40] 農園を維持するのは簡単なことではない。とある生徒によると、夏休みの間は週3回、朝7時

図表15　コルブの経験学習モデル

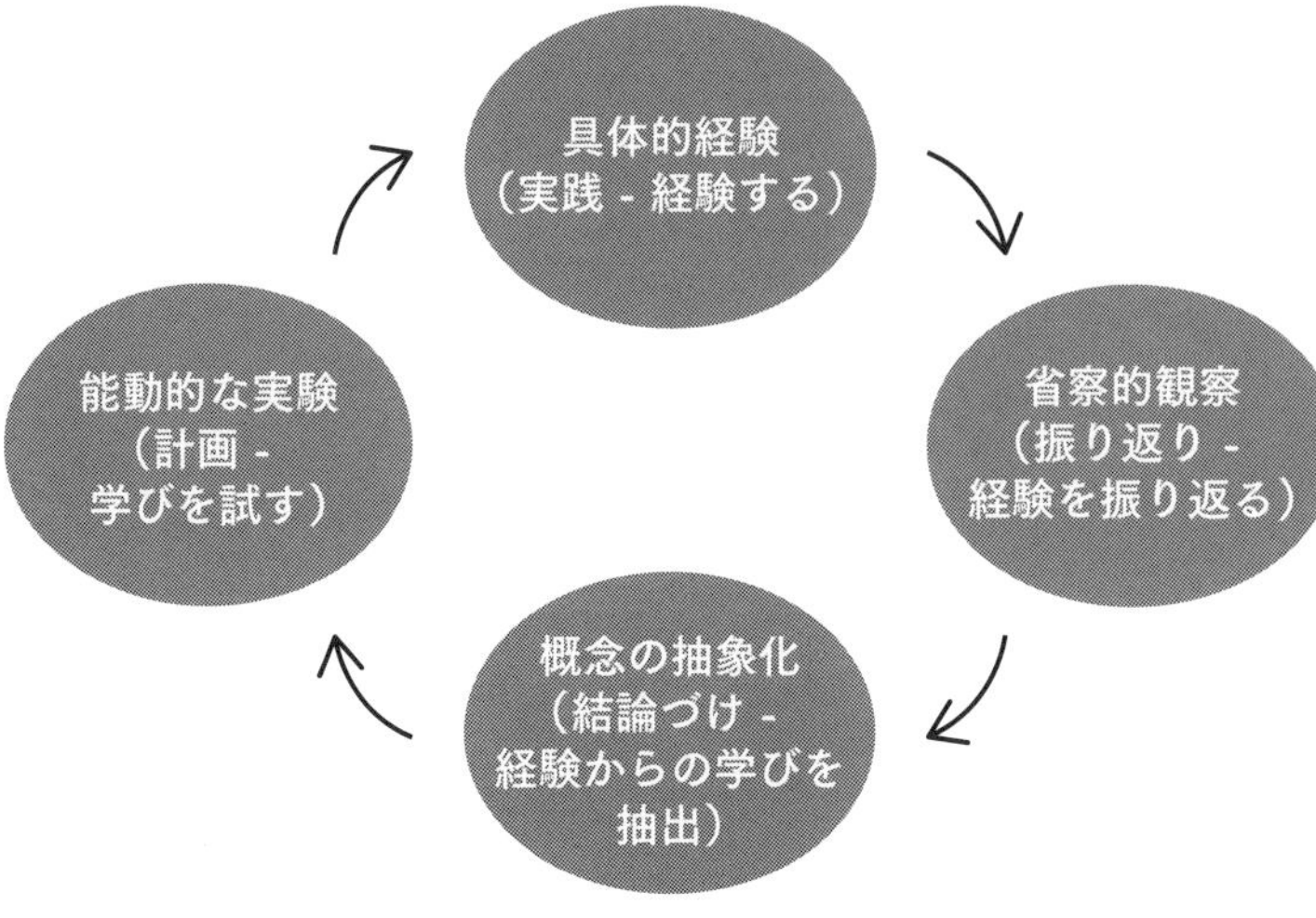

出典：David A. Kolb（2014）　（筆者訳）

半から10時半まで、種まきに始まり、手入れ、収穫などすべてのプロセスに関わるのだそうだ。即売所や農場から食卓へ（ファーム・トゥ・テーブル）のイベントなども実施している。

このほか、同校のレオポルド・スカラー・プログラムに選ばれた生徒は、2週間の環境やサステイナビリティ教育の一環として農園の作業に就くことになっている。サステイナビリティプログラムでは、研究所との共同で、キャンパス内の水質調査を行ったり、キャンパス内のリサイクリングや食堂で食べ残しとなった野菜のコンポスト運営などにも関わっている。

このほか、カリフォルニア州のトップボーディングスクールの一校であるサッチャー・スクール（The Thacher School）では、9年生が全員、1年間にわたり馬と過ごすプログラムがある。馬の世話をしながら馬との関係性を築く術を身につけ、年度末には家族や卒業生などの前でのレースに参加するまで成長する。このプロセスを経験することで、会話ができない馬に信頼してもらうために生徒自身が恐れを乗り越えたり、コミュニケーション能力をつけたり、忍耐を覚えたり、命を預かる責任感を受け止めてやりきるなど、集中力や判断力といった認知能力だけでなく、様々な非認知能力が育まれている。[*41]

探究学習で実現する深い学び

高次の思考スキルを身につけるためには、分析、評価、統合、創造といった活動を伴う学びが

*40 https://www.lawrenceville.org/academics/experiential-education/big-red-farm
*41 https://www.thacher.org/programs/horse

必要である（高次の思考スキルについては後述コラム参照）。伝統的な単元教育では、記憶、理解、実践という思考活動の基本的な要素が強調されてきた。

その流れを受けて、知識からではなく問いから始まることで、生徒が高い関与度で学びながら高次思考スキルを身につけられる教授法として、世界中で取り組みが広がっているのが、1960年代から発展してきた探究学習（Inquiry Based Learning、以下IBL）である。1980年代に科学教育の分野から盛り上がりを見せ、現在はどの教科でも実践があり、学際的な学びの教授法としても使われている。

IBLに関連した教授法として、国際バカロレア（International Baccalaureate）、課題型学習（Problem Based Learning）、プロジェクト型学習（Project Based Learning）、地域をベースとした学習（Place Based Learning）など様々な探究的な教育手法が開発され、実践が広がっている。世界で注目されている幼児教育であるイタリア発のモンテッソーリ教育やレッジョ・エミリア・アプローチも生徒による深い探究を大切にしている。

IBLはデューイの体験学習やピアジェの構成主義などの流れを汲み、個人や社会での実体験から情報を理解し、意味を見出す教育哲学である。[*42] 生徒が学びの主体となるIBLでは、生徒がある一定のテーマについて探究したい問いや、理解を深めるための問いを立てる。問いからアウトプットを出す過程においては、フィールドワーク、検索、個人やグループでのプロジェクト、リサーチなど様々なアクティブな学びが実践される。

＊42　Bächtold, M. What Do Students "Construct" According to Constructivism in Science Education?. Res Sci Educ 43, 2477-2496 (2013). https://doi.org/10.1007/s11165-013-9369-7

ＩＢＬの探究にはレベルがあるため、ＳＴＥＭ教育を例にその違いを紹介しておきたい。２００８年のバージニア大学ランディ・ベル助教授（現・オレゴン州立大学教授）らの共同研究では、小学校５年生のサイエンスの授業を例に４段階の探究の活動が示された。＊43

探究のレベルが上がるほど事前に伝える知識が減って、教員からのガイダンスも少なくなり、深い学びとなる。とはいえ、狙いや生徒の経験値に応じて異なるアプローチを選択することが大切であり、同じ単元で複数のレベルを組み合わせる場合もあるだろう。

レベル１：確認（Confirmation）――問いも手法も結果も事前に明確な実験のような活動
レベル２：構造化されている（Structured）――問いや実行のプロセスのみが決まっている探究活動
レベル３：ガイドされている（Guided）――問いをもとに、生徒により探究プロセスの設計、実験、実施
レベル４：オープン（Open or Free）――生徒が設定した課題をもとに、自ら探究する

一定の高さから卵を落としても割れないようにすること目的とした探究活動を例に、このレベルの違いへの理解を少し深めておこう。

レベル１――生徒は卵を決められた高さから落としてみて、割れる場合と割れない場合を観察する。
レベル２――卵を落としても割れない装置を作ることが目的として与えられ、教員はその手法を解説す

＊43　Heather Banchi and Randy L. Bell (2008). “The Many levels of inquiry”. Science and Children, v46 n2 p26-29 Oct 2

る。生徒は基本的には仕組みが同じ装置を作り、提出物も指定されたものを出す。

レベル3――目的は説明され、装置を作るためのガイダンスや予算は与えられるが、具体的にどのように装置を作るかは生徒に任され、提出物についてもある程度生徒の裁量がある。

レベル4――目的も生徒が考え、どのような材料を使って、何をどのようなプロセスで作るのかも生徒に委ねられ、評価や提出基準についても生徒に委ねられている。[*44]

レベル3や4の探究的な学びの経験を小さい頃から積み重ねることで、これから紹介するトップ私立高校の生徒が取り組んでいるような、深い問いの探究活動に成長していく。

深い学びには深い問いが求められる

米国のトップ私立高校の多くは、探究的な学びを幅広く取り入れている。評価は教員が行うものの、探究活動自体は非常にオープンなクラスが幅広い分野で用意されている。

チョート・ローズマリー・ホール（Choate Rosemary Hall）では、様々なレベル4の探究活動が選択可能となっている。自律型の単元で、生徒と担当教員が学びの目標を定め、週8～10時間を使って自発的に学ぶことが認められている。

具体的にはイスラム教についての上級レベルの研究、人工知能、米国初期のゴシックロマンテ

＊44　RE-SEED Training, Inquiry Based Learning Workshop, Northeastern University, Center for STEM Education. https://slideplayer.com/slide/8358907/

ィシズム文学、国際保険政策、量子物理学といった多様なテーマを生徒が選んでいる。科学分野の研究プログラムでは、分子遺伝子学、細胞生物学、機械工学、宇宙物理学などの分野で生徒がレベル3、4の探究型の研究を行っている。

高校3年時に学びの集大成として取り組むキャップストーン（総仕上げ）・プロジェクトでは、生徒がアドバイザーとなる教員の希望を出すことが可能で、プロポーザル（提案書）が認められれば、1年間かけて5単位を活用して完成に向かう。結果はプロジェクトのプレゼンテーション、ポートフォリオ、論文など探究活動の目的に合った形で提出をする。

公立高校でもキャップストーン・プロジェクトを実施する動きがある。サンフランシスコ近郊のオークランドにある公立高校では、1年間かけて、生徒が自ら設定したテーマについてレベル3、4の探究活動ができるように教員がサポートしている。米国では現在16の州が何らかのキャップストーン・プロジェクトを奨励しているが義務化はされていない。*45 モチベーションを含め、生徒のキャップストーンをサポートするスキルや生徒の成果を評価する基準が整備されていないなど、リソースに制約のある公立高校で広げていくには課題も大きいが、社会に出た後の将来、雇用主が求めるスキルを育むことにもつながるＩＢＬの重要度は増していくだろう。

日本では高校において「理数探究」が導入されるなど、探究型の教育を実践するための基盤が整備され始めている。良質な探究型の学びを実践するためには、レベル2以上の要素のあるカリキュラムを設計することが大切である。さもなければ、生徒の高次の思考スキルを育む機会を奪

＊45 Stephen Sawchuk (2019), Can 'Capstone Projects' Deepen Learning for High School Seniors?, Education Week. (2019/02/05)

ってしまう可能性が高くなってしまう。

実際に日本の教育現場で探究学習の実践を始めている教員たちの中には、生徒のテーマへの関心の低さや、立てる問いの浅さに悩む方も多い。一方で第4章で紹介する学校のように、生徒が関心を持って取り組む探究型授業では、問いに対して納得するまで取り組み続ける生徒も多く、経験を積み重ねて独自の問いを立てるようになっていく。結果として失敗も重ねながら高次思考スキルや、非認知能力を身につけていく。生徒の好奇心を呼び覚まし、維持するファシリテーション能力がこれからの教員にはますます求められており、この分野での教員研修のアップデートは、喫緊の課題と言える。

日本の新高等学校学習指導要領では「実社会や実生活の中で知識・技能を活用しながら、自ら課題を発見し、主体的・協働的に探究し、成果等を表現していけるよう、学びの質や深まりを重視[*46]」と謳われている。IBLで課題を発見するためには、生徒が問いを立てる力を身につけることは必須である。『Q思考』の著者ウォーレン・バーガーも「問いを立てることで、生徒自身が何を理解していないかを体系的に考えることが出来るため、イノベーションのスタート地点なのである」と述べている。

非営利の教育団体である米国のライト・クエスチョン・インスティテュートでは、生徒が関心を持つテーマから問いを立てる力の学び方にフォーカスした活動を行っている。この団体は、クエスチョン・フォーミュレーション・テクニック（QFT）を開発し、現在までに150カ国、

＊46 「新高等学校学習指導要領について」“育成すべき資質・能力を踏まえた教育課程の構造化（イメージ）”より抜粋

30万人に利用されている。探究活動に入る前に、まずこうしたツールも活用して生徒の問いを立てる力を育むことで、生徒の関心を探究型の学びの活動に惹きつけやすくなるかもしれない。

社会とつながることで目的にあふれた学びを実現するプロジェクト型学習

2002年のジョージ・ブッシュ政権時に導入され、テスト偏重型の流れを生み出したNCLB以降、生徒の学びへの関心（Engaement）や、主体的に学びに取り組むこと（Student Agency）は米国の教育界で大きなテーマとなっている。実際に、ホール・チャイルドの育成に取り組むトップ私学や先端的な高校では、テスト結果向上に偏りすぎず、生徒が自らの将来を考え、そこから進学や学びたいことについて主体的に考えられる環境づくりを大切にしている。

テスト偏重型の教育の弊害が明らかになる中、基礎学力をつけながら、生徒が高い関心を持ち主体的に学びに取り組むことで非認知能力も同時に育む教授法として、プロジェクト型学習（PBL）が注目されている。PBLは、答えが規定されていない問いから始まるという点では、探究学習（IBL）に近いが、社会や地域コミュニティ、学内など、実在する人や団体のためにソリューションや製品を協働してプロジェクト期間で完成させるという、社会に価値を提案するための協働に重きを置く教授法である。

ＰＢＬの研究調査や研修を実施するバック・インスティテュート（Buck Institute for Education）によると、ＰＢＬが育むことのできる子どもたちの資質は次のように非常に幅広い。

・能動的に学ぶ姿勢
・深い学び
・目的意識
・大人や社会への接点
・教員との良好な関係
・21世紀スキル
・クリエイティビティやテクノロジースキル

良質なＰＢＬを実施するには、カリキュラムデザインを行うリソースやスキル不足、学外パートナーを見つけることの困難さ、などの課題がある。米国でＰＢＬを導入している学校は、実際のところ多数派ということではない。とはいえ、新しい社会創造に取り組みたい人が多いのは米国の良いところである。

ＰＢＬを中心に据えたカリキュラムを持つ学校を新設したり、既存の学校を改革したりする教育関係者は、都会から地方まで、米国中に広がりを見せている。特にK－12の一貫校では、幼年期からPBLを導入し、子どもたちが社会に関心を持ち、プロジェクトを通じて意見や提案を発信することに力を入れている。

幼小中高で深いプロジェクトを実践するヌエバ・スクール

1967年に幼稚園から始まったサンフランシスコ近郊の名門私学であるヌエバ・スクール（The Nueva School）は、一貫校としてPBLという言葉が生まれる前から、プロジェクトを核とした探究型の授業を幼稚園から高校生までの導入している。知的好奇心の高いギフテッドの子どもたちが多く通う学校ということもあり、非常に高い質のPBLを幼年期から実施している。小学2年生では1カ月以上の大きなプロジェクトを年間6回ほど実施している。

訪問時に迎えてくれた中学校のライザ・レイナル校長は、こう話す。

「プロジェクトは我々のアプローチ全体に染み込んでおり、PBLという形で独立して考えるのは難しいです。中学からは教科に分かれたクラスがありますが、教科間の連携は日常的です」

ヌエバでは発達段階別にどのようなプロジェクトが実施されているのか、2019年春時点でのプロジェクトを一部紹介したい。

幼稚園では、海洋ゴミと海洋生物に関するプロジェクトの展示が行われていた。子どもたちが見つけたプラスチックなどのゴミが「今日の収穫（Catch of the Day）」と題して、レストランや鮮魚店でおすすめの魚が販売されているかのようなイメージでプラスチックトレイに置いてラッピングされたオブジェとして壁面に貼られていた。

海洋生物の名前や表現方法を学ぶ中で、子どもたちは海洋生物に関する詩を書き、海の材料を活用したアートワークを作成していた。プロジェクトの中では、国語（詩を書く、言葉を学ぶ）や社会（ゴミ問題）や図工（アートワークの作成）など教科横断的な学びが行われていた。日本でも経済産業省の「未来の教室」実証事業にて2018年から取り上げられ認知が拡大しているSTEAM教育が、ここでは幼稚園から始まっているのである。

小学3年生のファーマーズマーケットに参加するプロジェクトでは、サンフランシスコのマーケットでインタビューを行い、商品販売について学び（国語と社会）、レシピを考えて料理を提供（家庭科）するだけではなく、販売するためのマーケティング（社会）や売り上げのコスト計算（算数）も生徒たちが取り組んでいた。このプロジェクトで得られた20万円弱の売り上げは、“One Tree Planted”というNGOに寄付されるといった、生徒たちが社会貢献の実感を得られるプロジェクトでもあった。

小学6年生は、6週間で家づくりをするプロジェクトに取り組んでいた。このプロジェクトでは、デザイン思考プロセス（後述コラムを参照）を活用し、子どもたちが海外の家庭からヒアリングを行い、その国の環境を鑑みながら、家族の課題に合うエコハウスの設計図を作る活動が行われていた。

施主のニーズをヒアリングした後は、気候の特徴を調査したり、エネルギー効率について知り（理科）、エコハウスを作成するためのテクノロジーやデザインの要素を考え、選択肢を検討（理科や数学）したのちに、家のデザイン（数学）を考え、最終的に模型やポスター（図工）を作成する。

施主のニーズをヒアリングするためにはコミュニケーションスキル（国語）が必要であり、エコハウスのテクノロジーの調査は高次思考スキル（比較、評価、分析など）を活用する。そしてデザインや模型をつくることも、学びの応用からの創造する力を必要とする。コンピューターグラフィックを使ったグリーンテクノロジーのインフォグラフィックス（データを分かりやすく可視化する方法）は生徒ごとに特徴が見られて見応えがある展示だった。

高校になると、100以上の選択科目があり、生徒の興味や関心に沿ったリサーチなど、幅広いPBLや探究学習が実践されている。中でもクエストと呼ばれるPBLは、生徒が自らのトピックを選択し、デザイン思考を使い、1年から複数年のプロジェクトを実施している。生徒の幅広い関心を表現するプロジェクトは、教科に閉じない広がりを見せている。

3D（三次元）プリンターで作った型を使って板チョコを作り、包装紙も自分で作った生徒。ジャグリングが好きで、クラブを自分に投げてくれるロボットを作った生徒。移民についてのストーリーを調査して、伝えようと取り組んでいる生徒。憧れているアーティストの作品から学んでスケートボードを作った生徒。お世話になったコミュニティのための簡易宿泊所のモデルを作った生徒――。どの生徒からも子どもたちの興味関心に限界がないことを感じさせてくれる。
ヌエバの卒業生でもあるレイナル校長は「ヌエバの生徒は、内発的動機を持ち、好奇心の高い子どもたちです。卒業後には、名声や経済的なメリットにとらわれず、自分の関心を深掘りするためにどのような大学や職業に就きたいかと考える子どもたちが多いです」と教えてくれたが、クエストや選択授業で深く学ぶ楽しみを知った生徒たちらしい進路だと言える。

公立校におけるプロジェクトの有用性

ＰＢＬは、ヌエバ・スクールのようなトップ校だけでなく、全米の公立校において広がりを見せ始めている。地域の子どもたちが集まる人気校で実施されるＰＢＬでは、地元の課題に生徒たちが取り組む機会が提供されることも多い。ハワイ州のシークス（Seeqs）[*47]というチャータースクール（詳細は第4章を参照）の中学校では、サステイナビリティ（持続可能性）を中心テーマに据えたＰＢＬが実施されている。例えばハワイにおいては侵入生物の海藻であるゴリラ・オゴ（gorilla ogo）を安全に採集する方法を学び、消費されるレシピを考案するといった内容である。

このほか、コミュニティの人物像に触れることで、新しい分野について学んだり、人生への示唆を得たり、地域への貢献を行うプロジェクトも多い。カリフォルニア州サンディエゴ郡のチャータースクールであるハイ・テック・ハイ（High Tech High、第4章を参照）では、海軍パイロット

＊47　http://www.seeqs.org/

を表彰する祭典の１００周年を記念するプロジェクトを実施した。インタビューを通じて退役軍人の勇気ある体験を次世代に伝えるだけでなく、航空学の歴史や航空工学についても学んでいる。

さらに地域の中でも所得格差や人種での分断が進むエリアのリサーチから、アイデンティティ、多様性、正義といった分断による課題を分析し、都市計画への提案を行うといったプロジェクトも実施されている。このような生徒に深い学びの経験をもたらす良質なＰＢＬを通じて、従来型の教育では引き出せなかった生徒の学びへの関心が引き出され、結果として学力も向上するという結果は、多くの調査で実証されている。したがって社会的公平性を実現する教授法としてもＰＢＬは注目されている。

ＰＢＬは、探究心の強い子どもだけでなく、従来型の記憶中心型の学びに飽き飽きしている子どもにも適した教授法とされる。その理由としては、プロジェクトに明確な目的があるために、何のために学んでいるかに納得感があることに加え、子どもの関心やスキルレベルなどに応じた個別化ができるという点が大きい。

発表のフォーマットに動画、ポスターなどの選択肢がある場合もあれば、社会正義という大きなテーマの中で、生徒の関心のあるトピックを選択できるといった形だ。したがって、良質なＰＢＬでは徹頭徹尾、最初からカリキュラムをプランすることは難しい。子どものニーズを踏まえた準備は行うが、プロジェクトの進行に応じては、新たなレッスンを追加したり、インタビュー先を見つけたりといったことも発生するため、教員はオープンマインドを保ち、学習者中心の学びをデザインするためのスキルアップや意気込みを持って伴走する姿勢が大切である。

　プロジェクトを実現するために学内外との接続をサポートする「コーディネーター」の役割も、見逃せない。とりわけ、それは日本でＰＢＬを実現する上で今後、考慮すべきテーマでもある。

とはいえ、日本にＰＢＬのお手本がないわけではない。江戸時代に庶民の初等教育機関として江戸幕末期には全国に１万５０００以上存在したと言われる寺子屋が、まさにＰＢＬの取り組みそのものであった。

　寺子屋は、村役人、神職、僧侶、裕福な町人などにより経営され、寺子屋教師になることは、地域での知識人、有識者として尊敬されていたそうだ。地域の大人が出入りすることで理論と実践が融合した総合学習を実践していた寺子屋こそ、日本のＰＢＬ実践例であったと言える。*48

　子どもたちが地域とのつながりを体感し、プロジェクトを通じて地域に貢献する喜びを味わえることは、学びに目的を見出す効果があるだけでなく、自己肯定感や自己効力感の向上にもつながる。限定した総合学習や探究の時間だけに閉じないプロジェクト型学習を導入していく方法を学校全体で考えていくことが、日本においてもＰＢＬ成功の鍵となるだろう。

＊48　谷中修吾（2004）『江戸幕末期の教育〜寺子屋教育の考察〜』（松下政経塾・塾生レポート）

コラム　教育現場でのデザイン思考の広がり

1960年代に端を発するデザイン思考は、1990年代に始まったデザインコンサルティング会社IDEOの実践や、21世紀はじめに出版された数々の関連書籍やスタンフォード大学dスクール（d.school）[*49]といった教育機関の拡充により世界中で活用されている、人間を中心とした（Human-centered）イノベーションを生み出すアプローチである。日本でも新規事業を生み出す思考法として広がっている。

IDEOの上級会長（Executive Chair）、ティム・ブラウンは、デザイン思考を次のように表現している。[*50]「デザイン思考とは、人々のニーズとテクノロジーの可能性、そしてビジネスの要求を組み合わせるデザイナーの道具箱から派生する、人間を中心としたイノベーションへのアプローチなのです」

デザイナーというと、素敵なグラフィックやCM（コマーシャル）、商品などを作る人というイメージがあるかもしれない。しかし、優れたデザインを生み出すためには、前提を疑う批判的思考能力、サービスや商品を提供する人のニーズを把握する力、想像力、多様な才能と協力する力、アイデアを形にする力、フィードバックを受け止める力など様々な能力やスキルが求められる。

社会、環境、テクノロジーの変化が速い時代に、デザイナーのマインドセットと資質を体

＊49　2004年に創設されたスタンフォード大学のデザイン思考に特化した教育機関。正式名称はHasso Plattner Institute of Design。IDEOの創始者の1人であるデイビッド・ケリーがプログラムの創設者である。
＊50　https://designthinking.ideo.com/

得することで、ややこしい問題（Wiked Problem）をクリエイティブに、人間中心のソリューションを生み出す思考法として過去10年の間に、デザイン思考は世界中で急速な広がりを見せている。グーグルトレンドによると、２０１２年の8月から２０１９年の8月の間に「デザイン・シンキング(Design Thinking)」の検索量は5倍となっている。

「共感と理解」→「問題定義と明確化」→「アイデア創造」→「プロトタイプの作成」→「テスト」という5ステップを振り返りを重ねながら実践していくプロセスの学びは大きい。最終的なアウトプットだけでなく、対象者への共感を高めながら、仲間で協働して、批判的な思考も持ちながらアイデア、プロダクトやサービス提案に取り組む中で非認知能力や高次思考スキルを身につける機会となる。

当初はビジネスでのイノベーションのアプローチとして普及が進んだデザイン思考だが、K－12教育でのイノベーター育成の重要性が高まる中、教育現場での活用も増えている。PBLを実践するフレームワークとしてだけでなく、STEAM教育のツール、失敗を恐れないマインドを育成するため、そして共感する力を育むツールとしても活用されている。

前述のサンフランシスコのヌエバ・スクールやサンディエゴのハイ・テック・ハイなどPBLやものづくりスペース（英語ではメイカースペースと言われる。詳しくは後述コラムを参照）を通じたイノベーション教育に力を入れる学校ではデザイン思考という言葉は生徒からも日常的に聞かれる言葉である。また、デザイン思考を活用した学びは、従来型の授業で関与度が低い子どもたちが学びに積極的になれるインクルーシブ（社会包摂）なアプローチとしても注目されている。

自動車メーカーのフォードが運営するヘンリー・フォード・ラーニング・インスティテュート（Henry Ford Learning Institute）ではK－12の公立校を1校運営し、3校を支援している。これらの4校ではデザイン思考を、授業だけでなく、生徒の全校集会への出席状況の改善や出席が芳しくない子どもたちをサポートするための保護者との解決策を生み出すツール、学校を改善する案を生徒、保護者、地域関係者、教員、管理職が共に考えるプロセスにも活用している。[*51] 使い手の状況や気持ちを理解した上で、課題を定義してからソリューションを考えるデザイン思考プロセスは、学校における対話をもとにした合意形成のプロセスにも活用が可能である。

高度な思考力を育むハークネス・メソッド

授業は教員が教えるものという概念を覆すメソッドがハークネス・メソッド（Harkness Method）である。1930年という大恐慌の直後に、フィリップス・エクセター・アカデミーで開発され、現在フィリップス・アカデミー・アンドーバーやローレンスビル・スクールなど、200以上の

＊51 https://hfli.org/how-design-thinking-can-change-energize-schools/

学校で採用されている。傾聴の教授法とも言われるハークネス・メソッドのクラスでは生徒が教え、生徒同士の学び合いが基本となっている。高次の思考スキルがフル稼働される授業スタイルとして注目されている。

この教授法は、コミュニケーションから学ぶという人間の原点に返るもので、授業はハークネス・テーブルという常に誰かの前を向いて座る楕円形などのテーブルで行われる。生徒はクラスの前に準備を行い、当日手を挙げた生徒が口火を切る形で授業が始まる。発言に重ね、つなげ、チャレンジするという対話型の授業は、発言を丁寧にフォローしていないと参加ができないため、結果的に生徒は授業にとても集中している。教員はファシリテーターとして、必要最小限の介入を行う生徒中心の学びである。

フィリップス・エクセター・アカデミーを訪れたウェリントン・カレッジの教員ジョン・ヒールはこのように話している。

「驚くことに、16歳の数学者の生徒が授業をスタートしました。そして、生徒がお互いに質問を投げかけながら、解法を見つけようとしていました。このような自律性が高い学びはとても魅力的で、ハークネスの経験を通じて生徒はクラスの自治ができていることに驚きました。この経験から、我が校でも導入しなくてはならない教授法だと痛感しました」

フィリップス・エクセター・アカデミーではすべての学びにおいて、ハークネス・メソッドが取り入れられ、協働して課題解決をしながら学ぶ基礎となっている。なぜ、生徒たちが話し合うことで深い学びが生まれるかについて、ヒールは次のようにも述べている。

「ハークネス・メソッドのクラスは生徒にとっては暗い部屋に入っていくような体験です。初めて見る文章や、数学の公式、生物の理論を目にすると、最初はどこにいるのか分からなくなるものです。暗い中で生徒たちが自ら探索すると、目が慣れてきて徐々にテーブルの輪郭や窓の枠組みなどが見えてくるようになるのです。私が受けた最も素晴らしいアドバイスは、教員が明るい光を与えるのではなく、生徒が自らアイデアを探索できる環境を提供しなさいというもの。このプロセスを経ることで、生徒は定着する学びを手にしているのです」

生徒の1人は次のようにハークネス・メソッドの授業体験を表現している。

「他の人から学ぶことは、自分だけで学ぶよりも、ただ知識を受け入れるのではなく、探索をしやすくしてくれます」*52

話す勇気や聞く思いやり、理解するための共感力を育みながら、グループとしてアイデアを探索するというこの教授法はあらゆる教科での導入が可能である。

教科の学びだけでなく、生徒全員がハークネス・メソッドを受け入れることで、クラブ活動や寮生活の場面など、学校生活全体の過ごし方として溶け込んでいるのが、フィリップス・エクセター・アカデミーでのハークネスの特徴である。学校全体に浸透させることで、高次の思考スキルを育む教育を実施している同校は、これまでにフェイスブック創業者であるマーク・ザッカーバーグなどのイノベーターを数多く輩出している。

*52 The Harkness Difference, Phillips Exeter Academy https://www.youtube.com/watch?v=189Miz-C6sU

コラム　高次思考スキルとは？

これからの教育について話される時に「低次の思考スキル（Lawer-Order Thinking Skills、略称ＬＯＴＳ）」や「高次の思考スキル（Higher-Order Thinking Skills、略称ＨＯＴＳ）」という思考のレベルについて語られることが多い。深い学びに期待されるのはＬＯＴＳだけでなくＨＯＴＳの発揮である。それでは「高いレベルの思考」とは何なのか？

ＨＯＴＳという考えで最も知られているのは、教育心理学者のベンジャミン・ブルームが委員長を務めた教育者による委員会で作成された「教育目的

図表16　ブルームの分類学による６段階の認知領域（2001年アンダーセンとクラツウォール改訂版）

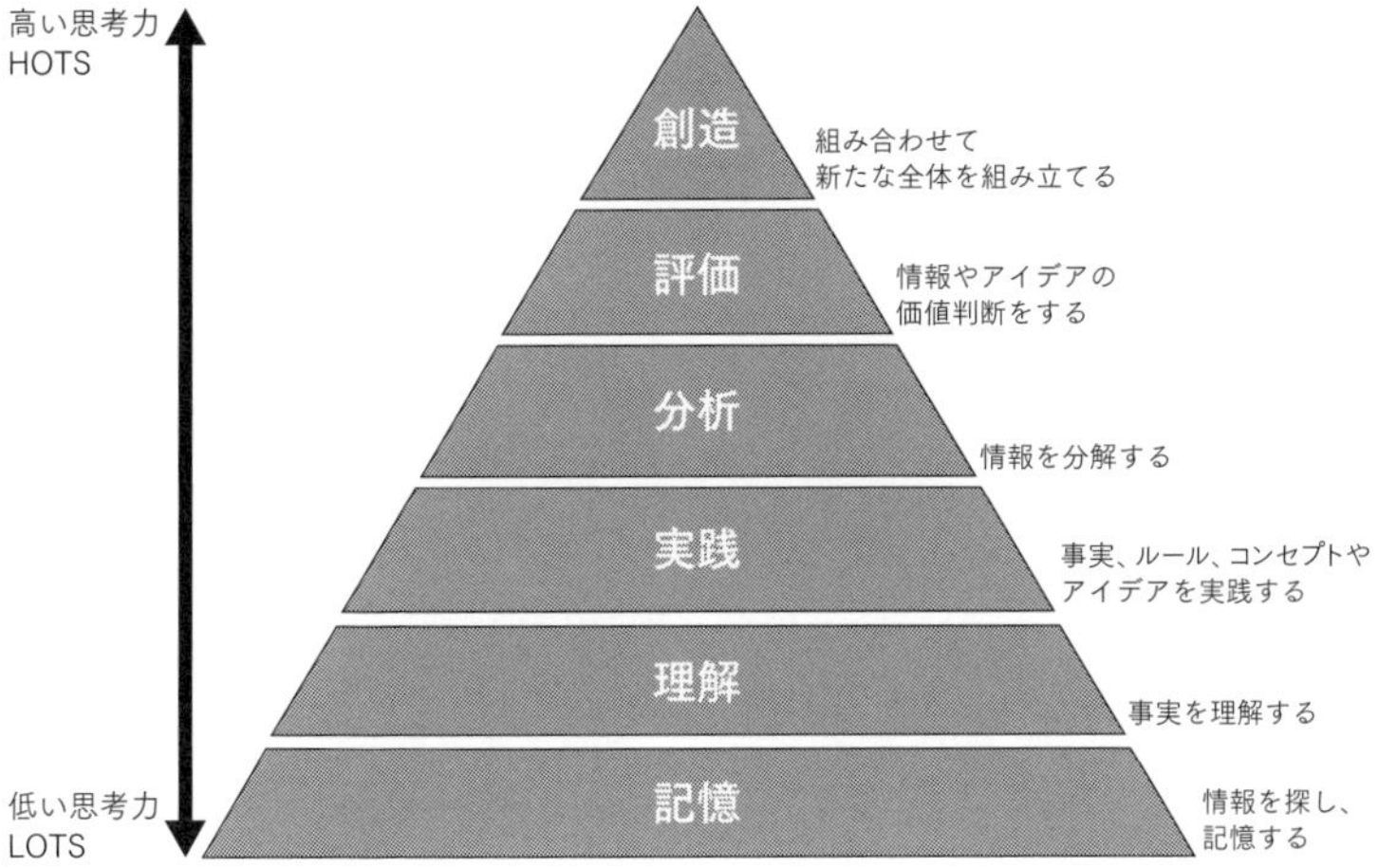

（著者訳）

の分類学：教育目標の分類」（Taxonomy of Educational Objectives: The Classification of Educational Goals）である。米国の教職プログラムの多くで現在も教えられており、新学習指導要領で謳われている「主体的・対話的で深い学び」にもつながる分類学である。

　１９５６年に発表されたこの理論を通じて知識の記憶にとどまらず、ＨＯＴＳである批判的思考能力や創造性を伸ばすことが重要であることをブルームは広めたかったのだそうだ。[*53] 世界初の汎用パソコン「エニアック（ENIAC）」が開発されてから10年後のことである。

　ブルームは、パソコンが知識の記憶で人間を凌駕する日が来ることに気づいていたのかもしれない。その分類学は認知、情意、精神運動の３つの領域に分かれているが、認知に関する6レベルが伝統的な学校教育では最もよくカリキュラムや評価などで活用されている。認知分野の高度な思考において、6レベルは、記憶する、理解する、実践する、分析する、評価する、創造すると定義されている（前頁の図表16参照）。

　思考スキルが低いほど、記憶中心の学びとなり、思考スキルが高まれば高まるほど、理解や意味づけからの創造が求められる。人工知能が下位の思考スキルのレイヤーをサポートすることが当たり前になった現在、ＨＯＴＳを身につけることの重要性は１９５０年代より格段に上がっている。ＨＯＴＳは、伝統的教育からの脱却を考える上でも、無視できない言葉のひとつである。

＊53　https://www.thoughtco.com/higher-order-thinking-skills-hots-education-3111297

教科を超えた学際カリキュラムによる時代にあった学びを

米国の高校は日本と同様に教科ごとに専科の先生に学ぶスタイルが主流である。ＰＢＬはプロジェクトを実施するために複数教科の学際的な学びとなることが多い。実際に、環境問題やグローバル市民教育、アントレプレナーシップなど、現代社会と密接なテーマを通年のカリキュラムとして設けようという学際教育の動きは、近年盛んになっている。こうした学際カリキュラムによるＰＢＬは、放課後の活動ではなく授業として取り入れれば卒業単位との互換性も生まれることから、忙しい高校生が取り組みやすくなるきっかけを生んでいる。米国のトップ10の私学で学際カリキュラムに積極的な学校のプログラムを紹介しておきたい。

フィリップス・エクセター・アカデミーでは、２０１６年から、学際カリキュラムの開発に取り組んでいる。アカデミックな学びと、生徒の関心の交差点となる教科を超越した新しいカリキュラムを生み出すことを目的として、卒業生からの寄付金により実現することとなった。33の生徒のアイデアと教員からの提案を吟味した後、５つのコースからスタートした学際プログラムは、２０１９～２０２０年度には、サステイナビリティ、アイデンティティと共感や異文化理解、生物倫理学、スポーツサイエンス、など10コースに広がっている。[*54]
フィリップス・アカデミー・アンドーバーも近年、学際部門を設立し、環境科学、ダンスと映像、水と人類、法律と文学、宇宙生物学、気候変動と歴史、アートと数学、ジェンダー理論基礎、ラテン化するアメリカといった幅広いコースが提供されている。[*55] 公平性や社会正義、地球破壊との向き合い方、人種問題といったテーマにも踏み込んだコース内容が興味深い。
チョート・ローズマリー・ホールでは、２０１2年に生徒の居住スペースと学習スペースが併設されたコーラー環境センター[*56]が設置され、環境の学際プログラムが実施されている。森や湿地にも隣接する同センターに滞在する生徒は、持続可能性のある生活について実体験から学ぶことが可能となっている。生徒は、環境に関する文学やランドスケープ、環境倫理、経済、政策、生物学、環境学、研究プロジェクトなど、環境をテーマにした学際的な深い学びを体得している。[*57]
ハーバード・ウェストレークでは、学際教育と自主研究の部門があり、ベンチャー育成、ロボティックス、ビジネス概論（経済、投資、会計、リーダーシップ、ネゴシエーションなど）、紛争、中東研究、米国社会における人種、アイデンティティと法律など幅広い26コースが提供されている。[*58]
日本でも広尾学園の医進サイエンスコース（第5章を参照）のように、生徒が授業として研究に取り組むことが可能な学校も増えている。学校の環境や生徒の希望も活かした形で、幅広い学際カリキュラムに生徒が授業単位として取り組めるようになれば、キャリア教育としても意義深いものになるだろう。

＊54　https://www.exeter.edu/news/exeter-innovates-new-courses-challenge-old-constructs
＊55　https://interdisciplinary.andover.edu/lecture-series/
＊56　https://living-future.org/lbc/case-studies/kohler-environmental-center/
＊57　https://www.choate.edu/academics/academic-facilities/kohler-environmental-center
＊58　https://academics.hw.com/kutlercenter/Interdisciplinary-Studies-Independent-Research-Department/Courses

4 学びの個別化と学習環境のデザイン

心身頭を育む様々なアプローチや教授法について解説してきたが、多くのトップ校や先端校では、各要素を1人ひとりにとって意義深く、心地よいチャレンジ体験とするため、個別化や科学的エビデンスに基づいた学習環境づくりやカリキュラムのデザインにも注力している。その中で教育の新潮流と言える、テクノロジーを効果的に活用するブレンデッド・ラーニング、ラーニングスペースデザイン、そして脳神経科学的アプローチの動向について紹介しておきたい。

オンラインの活用で学びを加速するブレンデッド・ラーニング

様々な研究において、子どもたちが自らのペースで、習熟度に応じた内容に取り組むことができれば、クラス全体の習熟度が上がるという調査結果は実証されている。インターネットの進化でオンラインを通じた学習の提供が容易になったことも後押しとなり、オンラインの学びを授業に混ぜる（ブレンドした）ブレンデッド・ラーニング（Blended Learning）という教授法が2000年前半から企業や大学を中心に急速に広まっている。現在、米国でもK－12の多くの学校でそうした取り組みが進んでいる。

オンライン学習を取り入れることで、学ぶ内容やペースなどが個別化された学びが提供され、子どもたちの学びへのやる気や習熟度を上げる効果が出ている。ブレンデッド・ラーニングの導入により「60％の教員は生徒の学習能力が高まっていると評価し、59％の生徒はより高いモチベーションを発揮して学べる」という調査結果もあるそうだ。*59

ブレンデッド・ラーニングの環境では、生徒はいつでもオンラインで予習や復習、追加の調査を行うことができるため、自分に合った段階から、自分のペースで学習を進められる。オンラインでの学習状況に応じて、生徒の指導の個別化も可能となる。さらに、オンラインの自習を併用することで、教室内でも教員がより少人数のグループ別に個別化したレッスンを実施できる。

少人数のグループでは子どもたちが学び合うことで理解を深め、他者の視点を理解するといった利点も含まれている。ブレンデッド・ラーニングのモデルはリアルとオンラインの良さから相乗効果を引き出すことが狙いのため、どのモデルもオンライン学習だけで完結はしない。

ブレンデッド・ラーニングには次のように大きく5つのタイプがある。学校の状況や目的によって使い分けが必要になるが、従来型の学校ではローテーションモデルが採用されることが多い。

*59 https://www.imaginelearning.com/blog/2019/04/colorful-blended-learning-infographic-your-classroom

ブレンデッド・ラーニングの主なタイプ*60

・**ローテーションモデル**――生徒が少人数のグループを移動する形で学ぶ。従来はラーニングステーション（異なる目的で分かれた学習エリア）を移動する学びを行っていたものが進化した形である。生徒同士で学ぶ時間、自習する時間と、教員のレッスンを受ける時間に分かれている。少人数グループでの指導となるため、国語や算数で起きやすい習熟度の違いに対応がしやすい。

・**対面モデル**――基本的に教員が授業を行うが、補修的な内容としてオンライン学習が提供される。より難易度の高い学びにチャレンジしたい生徒や、補修が必要な生徒にオンライン学習が使われるといったイメージである。また、母国語が別言語の子どもへのフォローとしてもオンライン学習が活用される。

・**フレックスモデル**――オンラインでの学習がメインとなり、教員はファシリテーターとして、必要に応じて生徒をサポートする。従来型の学校に合わない子どもたちなどが通うオルタナティブスクールでの活用が多い。日本の通信制はこのモデルに近い。

・**オンラインラボ**――教員の授業自体もオンラインであるが、生徒は教室でその授業を受ける。教室にはチューターが在籍して生徒のフォローを行う。このモデルは、スケジュールのフレキシビリティが必要な生徒や、自らのペースで学びたい生徒や、予算の関係で通常のクラス運営が難しい場合などに使われている。

*60　6 Blended Learning Models: When Blended Learning Is What's Up For Successful Students、eLearning INDUSTRY, (2016/02/12) https://elearningindustry.com/6-blended-learning-models-blended-learning-successful-students

・**個別化ブレンド**――学校で提供されていないコースの履修をオンラインで行うモデル。個別化されたレッスンを生徒が選択して追加する。このモデルは、生徒が特定の分野を学びたい時や、大学の授業を履修したい時に利用されるが、生徒の自律が求められる。

ほかにも近い教授法としては、「反転学習」といって事前に予習を行い、教室では発展した内容のディスカッションや学んだ知識を実践するアクティビティを実施するというモデルもある。この方法は、２００７年に理科の教員が試合で授業を休みがちなアスリートのために始めたことをきっかけに始まった。現在は世界中に実践が広がっている。

ブレンデッドの混ぜるという要素から、予習の授業がオンラインでの教員の講義に置き換わり、教室では教員が教えることは極力しない教授法である。反転学習は韓国で普及が進んでおり、日本でもデジタル教科書や既存のオンライン学習コンテンツを使う形での利用が広がりつつある（米国や韓国では教員が自ら動画を作成することが多い）。例えば、近畿大学附属高等学校では、学校側でデジタル教科書や教材を共有した反転授業を数学と英語で行っているそうだ。

優秀な学生の多いトップ校では、反転学習やローテーションモデル、さらに生徒が自らの関心を深めたり、大学のカリキュラムを履修するための個別化ブレンドモデルなど、授業の目的に合わせて採用されている。

個別化ブレンドのユニークな例として、グローバル・オンライン・アカデミー（ＧＯＡ）というNPOも紹介しておきたい。GOAは世界の100校近い私学と提携し、映像制作、気候変動とグローバルの不平等、マクロ経済、ゲーム理論、心理学、投資など幅広いオンライン授業を提供している。＊61

授業は探究型でプロジェクトを実施するため、参加する生徒は、世界にいる他校の生徒と一緒に学ぶことができる。加盟校の教員にとってもＧＯＡで教えることが、研修の機会につながっている。ＧＯＡのメンバー校となるには審査があり、ハワイのプナホウ・スクール、シリコンバレーのメンロー・スクールなど多くのトップ校が加盟している。

スタンフォード大学の入試およびスカラシップ部門の部門長のリック・ショーがＧＯＡの理事に就任しており、次のようにコメントしている。

「大学は学びの加速について高い関心があり、生徒の知的好奇心を掻き立てる教員を高く評価しています。したがって大学に入学するための成績向上だけでなく、学びを愛する方向に生徒が向く指導ができる教員を高く評価しています。教えることは、ただの仕事ではなく天職です。ＧＯＡは生徒が深く学ぶ機会についてワクワクする教授法を持つ教員を見つけることにも役割を果たせるでしょう。ＧＯＡのプログラム開発へのたゆまぬ努力は、他の学校や団体が見習うべきゴールドスタンダードだと言えます＊62」

日本でも２０１８年に経済産業省が立ち上げた「未来の教室」とEdTech《エドテック》（教育テクノロジーを指す）研究会を皮切りに、本格的に教育現場にテクノロジーを導入しようという流れが始まってい

＊61　https://globalonlineacademy.org/
＊62　A Letter from Stanford's Dean of Undergraduate Admissions, Global Online Academy, (2017/1/31)
https://globalonlineacademy.org/insights/articles/a-letter-from-stanfords-dean-of-undergraduate-admissions

る。2018年と2019年で80以上の実証事業が採択されている。[*63] そして2019年12月には、児童生徒1人1台端末と高速大容量の通信ネットワークの整備についての予算が閣議決定され、[*64]「GIGAスクール構想」という名のプロジェクトが開始し、オンライン学習を取り入れる素地もできあがりつつある。

新型コロナウィルスによる長期の休校措置もあり、学びを継続する手段としてオンライン学習の必要性は急速に認識され実践も広がっている。ブレンデッド・ラーニングが学習環境改善として効果を発揮するには、既存の授業のやり方を一度脇に置いて、新たにオフラインとオンラインを組み合わせた学習体験を考える必要がある。ブレンデッド・ラーニングの先行事例が豊富な米国の先端校をはじめとする様々なモデルを参考にしながら、クラスの目的に応じて柔軟な活用方法を検討していくべきだろう。

ラーニングスペースデザインで深い学びの場を用意する

ボストン郊外にあるビーバー・カントリー・デイ・スクール（Beaver Country Day School、略称BCD）は、1992年に着任したピーター・ハットン校長のリーダーシップのもと、伝統的な知識偏重型の教育を実施する学校から、イノベーションを生み出す人材を育成するプログレッシブな学校に変身した。

＊63　2018年10月から2019年3月まで、筆者も実証事業を運営する1事業者として本事業に関わっている。テーマはSTEAM/PBLの教員研修であった。
＊64　https://www.mext.go.jp/content/20191225-mxt_syoto01_000003278_03.pdf

消費者ではなくクリエイターを育てることを重視するBCDは、これからの時代の新基本スキル（New Basics）として、クリエイティブな問題解決能力、協働、繰り返す力、ビジュアル・コミュニケーション、共感、テクノロジーとメディア・リテラシー、プレゼンテーション・スキルを特定した。[*65] 同校では、すべての授業において、新基本スキルが織り込まれたカリキュラムデザインとなっている。

これらのスキルを身につけるために適切な学びの環境を整える必要があると考えたBCDはオフィス機器大手のスチールケース社と共に、校舎の大改築を実施した。外から見ると、煉瓦造りの伝統的な東海岸の校舎に見えるが、中に入ると先端企業のオフィスのように感じられる空間である。

構内は自然光にあふれ、実にモダンなデザインのアクティブ・ラーニングスペースデザインとなっている。廊下の所々に座って話したり作業ができたりするベンチがあり、教室の壁の多くはホワイトボードとなり、教室のテーブルと椅子はローラー付きで、いつでもレイアウト変更が可能になっている。

学校全体が再設計されたので、学びの目的に応じてプレゼンテーションスペース、ミーティングスペース、協働スペース、静かなスペースやメイカースペースといった場所が設けられている。[*66] プロジェクトでミーティングルームが必要な時には、オンラインで生徒はいつでも予約ができ、訪問時も生徒が生徒会の打ち合わせを行っていた。

＊65　https://bcdschool.org/the-school/the-new-basics/
＊66　https://bcdschool.org/the-school/the-campus/research-design-center/

少人数でアイデア出しをする部屋は、動きやすいように椅子がスツールとなっているが、1人でじっくり考えたい時に使えるような部屋は視野が遮られて深く腰掛けられるソファー型ワークスペースとなっている。図書館とものづくりスペースが一体となった358平方メートルのR&Dセンターも、プロジェクトに応じてフレキシブルに利用できるデザインとなっており、作業スペースはすべて可動式となっている。

米国の教育では「意図のある（Intentional）」学びという言葉がよく使われるが、BCDの新校舎は学びの意図をサポートする多様な学習スペースがきっちりとデザインに反映されている。

スチールケース社の調査では、アクティブ・ラーニングのプロセスをサポートするために、学びのリズムに合わせた環境を提供することで、生徒と教員がより深い学びを実現するとして、次のような4つの学びのモードとそれに合った学びの環境を次のように提案している。*67

- **プライベート／1人**――パソコンを使ったり音楽を聴いたりしながら1人で集中して学びたい時のモードで、1人で学べるように視野が遮られていたり、小部屋になっており、邪魔されない工夫がされている。1人であることを表す寒色系が推奨されている。
- **公共／1人**――オープンなスペースでそれぞれの学びを行うモードである。他の生徒がいても集中しやすい中間の寒色系が推奨されている。
- **プライベート／一緒に**――グループワークのために、映像や音を容易に再生できることが求められる。

*67 https://www.steelcase.com/content/uploads/2019/06/V5-SE-Insights-Guide-pricing-interactive.pdf

様々なグループサイズや学びのモードをサポートする工夫が必要で協働のエネルギーを表すために暖色系が推奨されている。

・公共／一緒に――仲間や教員と協働するスペースである。ブレインストーミング、全体での共有、教員と生徒のメンタリングなど、様々なグループサイズや学びのモードをサポートする工夫が必要である。中間の暖色系が推奨されている。

環境デザインの専門企業に依頼するとかなりのコストがかかるが、この原理を理解した上で既存のフロアプランの工夫を行うことで、よりアクティブで深い学びが実現しやすい環境を作ることはできる。ハワイの名門私学のミッド・パシフィック・インスティテュート（Mid-Pacific Institute）を訪問した際に、ある中学生クラスのレイアウトが既存の教室とかなり異なっていて驚いたことがある。ｉＰａｄなどのデジタル機器を使って生徒が作成した物語を共有するクラス（英語では通常デジタル・ストーリーテリングと言われる）では、子どもたちが前で発表しやすいように教員の机は取り払われており、生徒は教室の机、ソファーがＵの字に組み合わされたスペースの中で、自分にとって最も学びやすい場所を選ぶ形になっていた。これは教員が生徒のニーズも聞きながら、すでにあるものを組み合わせることで実現したそうだ。

２０１８年にイスラエルのエルサレムの小学校を訪問した時には、エビデンスを積み上げながら徐々に予算を確保するために、低学年のクラスルームだけが、既存の教室ではなく、学びに応じて場所を選べるソファーや床に座れるカーペット、テーブルなどカラフルで、ゾーン分けされた教室で学んでいた。

例えば算数の時間に、一斉授業を受けるのではなく、教室の好きなところで学ぶことができる。教員とグループレッスンに取り組む子もいれば、子どもたちで話し合いながら学ぶグループや、1人で黙々と問題を解く子どもたちも同じ教室にいるという授業である。同校の高学年クラスは訪問時には既存の教員が前に立つクラスルームスタイルで授業が実施されていた。まるで学校の中に別の学校があるかのように、低学年と高学年で異なった学び方が併存していたが、低学年での改革の効果が認められるので、今後は全学年を低学年の実施スタイルに変えていくそうだ。

高次の思考スキルを育む上で興味深い調査結果も出ている。

オーストラリアのメルボルン大学がポルトガルで実施した2017年の調査では[*68]、インタラクティブな学びの場（ILE）と伝統的なクラスルームでの学びの活動を比較したところ、ILEの学びについて、実践、分析、創造の分野で有意な結果が出た。2017年に発表されたメルボルン大学とクイーンズランド大学の研究によると[*69]、伝統的な教室と比較したアクティブ・ラーニングの教室の効果について、生徒の学びの体験および、学びへの関与に向上が見られたという。2017年のウォロンゴング大学の調査では、ラーニングスペースのデザイン変更は、生徒の社会性や情動と健康にも有益だと言及されている[*70]。

これまでは教員が唯一の権威で、教員の指示をもとに、教科書の知識を記憶すればよかった。

＊68 Future Classrooms vs Regular Classrooms: Any differences?, TEL@FTE LAB
＊69 https://minerva-access.unimelb.edu.au/handle/11343/191413
＊70 p317 Perceived interplay between flexible learning spaces and teaching, learning and student wellbeing, Katharina E. Kariippanon et al., Learning Environments Research, Volume 21 (3) 0 Nov4, 2017

その場合には、生徒が教員の方を向いて座ることが、情報伝達やコミュニケーションの上でも適切だった。しかし、教育の目的や意図は全く変わった。

答えがひとつではない問いを生徒が主体的に調査し、共同しながら、新たな知恵を生み出し、高いレベルの思考力を育むアクティブ・ラーニングの実現には、異なるレイアウトが必要となってくる。学びのアーキテクチャーが大きくシフトしているのだから、学ぶ環境も大きく変わることは必然である。

ラーニングスペースのデザインに力を入れているのは米国のトップ校だけではない。アクティブ・ラーニングを実践する教育機関では、映像機器やテクノロジーへのアクセスも含めたスペースづくりに積極的である。

日本においても、私学を中心に教科センター方式や、アクティブ・ラーニングを意識した図書館を中心としたレイアウトなど、従来型の校舎とは異なる校舎設計が広がってきている。

例えば２０１９年に開校したドルトン東京学園は、「アクティブスペース、自習スペース、全面ホワイトボードのオープンスペースなど、多様な学びや交流が生まれる仕掛けのある校舎」がコンセプトとなっている。[*71] 学校全体を変えることは難しくても、教室に限定されない学びの場としてラーニング・コモンズを図書館の内部などに設置する学校は増えており、研修、発表会、アイデアソンやハッカソンといった新しいアイデアを考案するイベントなど、学外と連携した学びの場としての活用事例も増えている。

＊71　https://www.daltontokyo.ed.jp/facilities/

コラム　STEAM教育の基礎やイノベータースキルを育むメイカースペース

スイスの心理学者かつ認識学者のジャン・ピアジェは、「学習者は経験に基づいて自分の頭の中に知識を構成する」という構成主義（Constructivism）理論を基に「本当に大切なことは、子どもが自分自身の教材を作ることなのです」と述べた。[*72] [*73]

ピアジェのもとで研究後、マサチューセッツ工科大学（MIT）にて研究を続けたシーモア・パパートは、ピアジェの考え方を発展させ、何かをつくることによって学んでいく構築主義（Constructionism）という考えを生み出した。パパートは、「美術の教室がそうであるように、子どもたちは、独創的な、個人的に定めた目的を達成するための方法として技術的な知識を学んでいるのである」と述べ、学ぶための道具の重要性も明らかにした。[*74]

イノベーションが生み出せる創造的な人材育成が求められる一方、伝統的な知識偏重型の学びで生徒の学びへの意欲をかき立てることが難しい状況もある。そうした中、ピアジェやパパートの考え方をもとに「つくりながら学ぶ（Learning by Making）」場所としてものづくりスペースとしてのメイカースペースを開設する動きが全米に広がっている。

図書館や学校の空きスペースを活用し、段ボールやレゴ・マインドストーム、リトル・ビッツなどを配備して比較的低予算で運営できるメイカースペースも多いが、トップ私学のメ

＊72　Sylvia Libow Martinez & Gary Stager（2015）『作ることで学ぶ――Makerを育てる新しい教育のメソッド』p4
＊73　井庭他（2019）『クリエイティブ・ラーニング』p48
＊74　前掲書 P56

イカースペースは別格である。豊富な材料と共に、レーザーカッターや3Dプリンターだけでなく、木工の工房や、デジタル制御された工作機械（CNC）などの設備が揃っている。またこれらの工具の使い方を指導するメイカースペースの担当教員も在籍している。

　イノベーション教育に力を注ぐカリフォルニア州サンディエゴのラ・ホーヤ・カントリー・デイスクール（La Jolla Country Day School）では、デザインとイノベーションのカリキュラムを幼稚園から高校

図表17　ラ・ホーヤ・カントリー・デイスクール K-12 デザイン＋テクノロジーカリキュラム

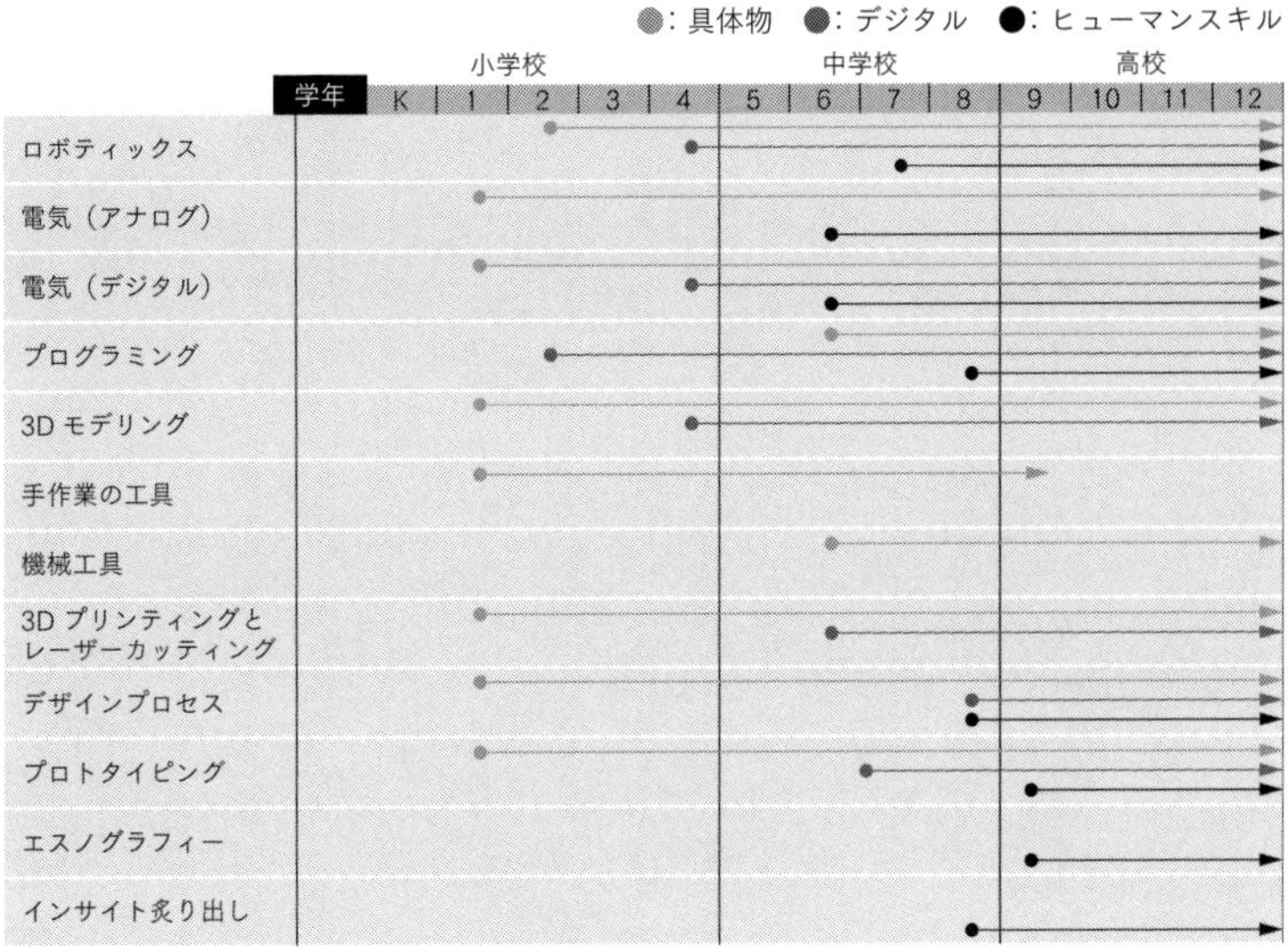

出典：ラ・ホーヤ・カントリー・デイスクールウェブサイト
（筆者訳）

生まで発達段階に合わせて実施している。イノベーション・ラボには社会経験を持つスタッフを配し、プログラミングやデザインの授業を実施するだけでなく、外部のチャレンジへの応募や、業界の展示会への出展、企業の課題へのプロトタイプ作成サポートも行っている。

高校の授業では、生徒が社会における課題を発見し、解決するためのプロトタイプを製作するスキルを身につけるため、デザイン思考を活用したデザイン+テクノロジーカリキュラムに取り組んでいる。日本では大学でも一部の学部や学科でしかデザイン思考を使ったプロトタイプの作成は行っていないが、同校では、小中でつくるための様々な手法を学び、高校でニーズ分析などデザイン思考も手にすることで、大人も顔負けのプロトタイプを作る力を子どもたちは身につけている。近年は、保護者の寄付によるベンチャーキャピタルファンドも組成しており、生徒は審査員へプロジェクトの説明を行い、メンタリングや資金援助も得られる機会もある。[*75]

脳神経科学を取り入れたカリキュラム・デザイン

授業にクラブ活動、サービス・ラーニング、プロジェクト、宿題に受験と高校生は、多くの活動に忙しくしている。前述のようにストレス過多で鬱の症状に悩む生徒が少なくない中で、ウェ

*75 https://www.ljcds.org/innovation/welcome

ルビーイングの重要性も叫ばれている。若者たちの学びに伴うストレスを低減させ、深く定着して他分野にも応用の効く学びや効果的な学び方についての研究は、脳神経科学や認知心理学の発達により進んできている。

メリーランド州のトップ私学でイーベイ（eBay）の創設者やＶＲゴーグルのトップブランド、オキュラス（Oculus）の共同創始者などを輩出しているセント・アンドリューズ・エピスコパル・スクール（St Andrew's Episcopal School）は、ザ・センター・フォー・トランスフォーマティブ・ティーチング・アンド・ラーニング（The Center for Transformative Teaching and Learning、以下ＣＴＴＬ）という、心・脳・教育科学（Mind, Brain, and Educaiton Science）の分野のリサーチとその結果に基づいた教員研修や生徒のサポートに特化したセンターを学内に持つユニークな教育機関である。[*76]

ＣＴＴＬのリサーチ責任者のイアン・ケラーは、「我々は認知科学、教育理論、脳神経科学、などを活用することで、生徒の学びをどうサポートできるか、良い先生はどうあるべきかという問いに答えようとしています」[*77]と言う。最近のリサーチでは、ウェルビーイングとモチベーションが成績と関連していることも分かり、高いレベルの学びと生徒のウェルビーイングが両立できると伝えている。

さらにＣＴＴＬディレクターのグレン・ウィットマンは、エビデンスに基づいた学びの戦略を持つことの重要性について次のように述べている。

「我が校の最も優秀な生徒は、必ずしも最も効率的な学習者ではないのです。記憶やフィードバ

＊76　The Center for Transformative Teaching and Learning https://www.saes.org/cttl
＊77　A Day in the Life of the CTTL https://youtu.be/l4CrQfEAbEk

ック、学びへの関与度、学習のインターバルなどの研究結果を活用することで、生徒はより効率的に学ぶことができます。学びの戦略を身につけることで、ＡＰ（アドバンスト・プレイスメントの略で大学レベルの授業を指す。トップ大学志望者にはＡＰ受講者が多い）を4つも5つも受講したり、ジャズバンドに参加したり、スポーツを楽しむだけでなく、十分な睡眠を得ることもできるのです」[＊78]

ＣＴＴＬでは教員の授業に役立つ研修を実施するだけでなく、放課後のクラブ活動でのコーチングにもＣＴＴＬでの学びの活用を促している。高校の始業開始時間を朝8時半からと遅くする、生徒の関心をつかむために、授業の始めに新しい驚きの要素を入れる、コーチングでは一度に4〜6以上のアドバイスをしないなど、学校生活全般にＣＴＴＬでの学びを活かしている。

２０１８年には、授業が1日6科目あり、それぞれに宿題があり、生徒の就寝時間が遅くなりがちな状況を解決するために、1授業を40分から65分へと延長し、1日4〜5科目へと時間割を改定した。1日の科目を減らし、より深く創造的な学びを実践することで、宿題の量や認知能力への過負担を減らし、認知のフォーカスが移り変わることによる生徒の負担を減らした。さらに、ＣＴＴＬでは生徒が仲間や教員とのコミュニケーションを増やす一方、授業と他の活動のぶつかりを減らし、教員の研修の時間を確保し、生徒が情熱や好奇心を追求できることを目的としている。

経験論だけに頼るのではなく、科学的エビデンスや理論に基づいた学びや生徒のウェルビーイングの環境設計は、これから注目すべき分野である。日本では、東京・千代田区立麹町中学校に

＊78　前掲動画

おいて実践的な脳科学を活用した教育環境および指導方法の研究が２０１８年から2年間実施され、学校運営システム、教育環境、子どもへのアプローチ、人材育成といった分野で、具体的な事例をベースに心理的安全性やメタ認知能力を促進する環境についての研究が進められていた。

学内にＣＴＴＬのような研究所を設けることは容易ではないだろうが、大学や外部の専門家とパートナーシップを組むことで、認知科学、脳神経科学、行動科学、心理学といった最新の科学的視点をいかに学びの環境の改善につなげていくかは、今後注目すべきテーマであることは言うまでもない。

第4章、第5章では米国、日本における具体的な実践例を紹介する。

第 4 章

社会が
学校をつくる

最先端企業、地域団体、
NPO/NGO、行政や大学との連携

「私はあなたにはできないことができて、
あなたは私にはできないことができる。
私たちが一緒になれば、本当に素晴らしいことができるはず」

マザー・テレサ

ネットフリックス創業者も支援してきた特徴ある公立校の制度「チャータースクール」

チャータースクールとは、独立運営する公立の学校で、チャーター[*1]という学校の憲章の認可を受けた団体が、州や郡などの行政区域から許可を受けることで開設できる。学びの選択肢を保護者に与え、教師にイノベーションの余白を生み出し、生徒の学びに学校がよりアカウンタビリティ（説明責任）を持って良質な学びの場を提供することが目的とされている。

日本のバブル経済がピークを迎えた1991年、1980年代前半の大不況から抜け出し、人材育成を見直していたミネソタ州で米国初のチャータースクール法が成立した。

30年弱の期間で43州と首都ワシントンDCで7500のチャータースクールが運営され、330万人以上の子どもがチャータースクールに通うようになった。[*2]これは、チャータースクールが教育予算を増やさず、家族に学びの選択肢を与えながら、教育にイノベーションをもたらす方法として、貧困層により良い教育機会を与えたいと考える社会正義派からも、競争がより良い結果をもたらすと信じる新自由主義派からも、すなわち左右両派から支持を受けたことが大きい。

学校の運営予算は生徒の人数あたりの予算が配布される形となっているため学費は無料である。一方で従来の公立校より効率的な運営が期待されるため、生徒1人あたりの予算は通常の公立

＊1　チャーターには、ミッション、教育指針、教育プログラムやカリキュラム、人事方針、財政プラン、生徒を集める計画などが記載され、結果の測定方法についても明記がされている。出典（National Charter School Resource center）

＊2　National Alliance for Public Charter Schools , https://www.publiccharters.org/about-charter-schools/what-charter-school

校より少なめとなっていることが多い。運営に関する自由度は高く、独自の建学の精神で、教員の採用やカリキュラムデザインを行っており、特徴ある学校も多い。子どもの学びの達成度を測る手段としては、州の標準テストなど、州が規定するアカウンタビリティを遵守することが求められている。

効果が見られる革新的なアプローチやプログラムを伝統的な公立校にも波及させることが期待されるチャータースクールの制度だが、実情としては良質な学校とそうでない学校の幅が大きく、一概にチャータースクールだから良いというわけではないのも正直なところである。２０１０年に教育省が実施した調査レポートの結果では[*3]、「平均すると、チャータースクールの生徒は統計上優位に学力が上がったと言えない」と記されている一方、「低所得世帯の子どもに関しては、数学の学力の向上が見られた」と、所得階層の低い子どもたちへの数学領域におけるポジティブな貢献を認めている[*4]。

このほか、チャータースクールについては学力の向上への疑問視だけでなく、雇用の安定性の課題など、教師の労働組合側からの批判もある。その一方で、公立校とは違った大胆なアプローチを試みる、特徴ある魅力的な学校も多く、各地域で、人気のチャータースクールは抽選の倍率も高い。

チャータースクールの魅力のひとつは、育てたい子ども像や教育方針に魅力を感じたやる気のある教員が全国から集まってくるところである。ビジョンがあり、やる気のある教員が集まって

＊3　The Evaluation of Charter School Impacts, Final Report by National Center for Education Evaluation and Regional Assistance. US Department of Education, (2010)
＊4　前掲 P43

いるチャータースクールに期待するのは保護者だけでなく、貧困層における良質な学習機会や公平性の欠如を懸念するフィランソロピスト（篤志家）やNPO／NGO、未来型の人材を求める企業など幅広い。

その中でも特筆すべきは、ネットフリックス（Netflix）のリード・ヘイスティングスCEOである。2016年に110億円の教育ファンドを設立したヘイスティングスCEOは[*5]、カリフォルニア州のチャータースクール協会のボードメンバーを務めたこともあり、チャータースクールの大手であるKIPPに多額の寄付を行っている。カリフォルニア州でチャータースクールが設立しやすくなったのは、1998年のネットフリックス創業まもない時期にヘイスティングスがサポートしたキャンペーンの成果であるとも言われている[*6]。

シリコンバレーを中心にテクノロジーに明るい大人が多いカリフォルニア州では、米国で最もチャータースクールの数が多く、66万人が1323のチャータースクールに通っている[*7]。2018年から2019年の1年間だけでも70のチャータースクールが3万人の生徒に向けて開校される一方、68校は閉校するという非常にダイナミックな構造になっている。

玉石混交といえども、学外の資金も取り入れながら、進歩的な学びのアプローチの学校を一からスタートできるのがチャータースクールの魅力である。貧困層の格差対策として設立されている学校も多い一方で、ニューエリート層でもこぞって子弟を通わせたいと願う学校も数多くある。

＊5　https://philanthropynewsdigest.org/news/reed-hastings-creates-100-million-education-fund
＊6　https://www.educationnext.org/disrupting-the-education-monopoly-reed-hastings-interview/
＊7　California Charter Schools Association　http://library.ccsa.org/understanding/numbers/

最先端の人気公立校、クアルコム、ビル・アンド・メリンダ財団などが支援する「ハイ・テック・ハイ」

ハイ・テック・ハイ（High Tech High、以下ＨＴＨ）は、カリフォルニア州サンディエゴに4キャンパス、16の幼小中高を運営するチャータースクールネットワークである。どのような環境の子どもでも主体的に深い学びを実現するために、ＰＢＬ（プロジェクト型学習）を中心とした学校運営を行っているユニークな学校でもある。２０００年に２００名の高校生から始まった同校は、学外の多くのパートナーの協力を得ながら、２０１９年現在、幼稚園生から高校生５３５０名が通学するまでに成長した。学内に教職大学院が併設されているという全米でも珍しい教育機関であり、２０１８年には同校の教職大学院が世界のイノベーティブな教育１００例を毎年紹介するhundrEDにも選ばれた。

教員向け研修を定期的に実施していることもあり、現在は、毎年５０００名以上の見学者や研修受講者を世界中から受け入れる公立の先端モデル校でもある。[*8]筆者が日本に紹介した"Most Likely to Succeed"[*9]という、ドキュメンタリー映画の舞台として取り上げられたこともあり、この3年間日本からの訪問も急増しているそうだ。

ＨＴＨは、民間、行政、教育者の連携なしには存在し得なかった好例である。

＊8　https://hthgse.edu/home-page/professional-education/
＊9　「AIやロボットが生活に浸透していく21世紀の子どもたちにとって必要な教育とは何か？」というテーマを掘り下げたドキュメンタリー映画。世界で7000回以上の上映実績があり、日本では44都道府県で上映された。

創設以来、継続的に学外と生徒たちが連携することで、対話的で主体的で深い学びの環境を実現してきた。開校のきっかけは、1996年に、地元の行政やクアルコム（Qualcomm）を含むIT業界のエグゼクティブ40名が、IT業界の人材不足を懸念して、若者の業界への関心をいかに高めるかを議論したことに端を発する。*10

その後、ラリー・ローゼンストックが校長（現任）として迎え入れられ、クアルコム創設者の息子、ギャリー・ジェイコブスからの10億円近い寄付により、最初の校舎が建設された。このほか、ビル・アンド・メリンダ・ゲイツ財団も、開校時に生徒1人あたり11万円の寄付を行い、その後も校舎増設のための資金などに数億円の寄付を行っている。2018年には、5年間で11億円以上の寄付を集めた。併設の教職大学院が中心となって、南カリフォルニアに30の一般公立校とチャータースクールからなるネットワークを創設することも決まっており、HTHで育まれてきたPBLのカリキュラム作成や運営のノウハウを地域の学校に広げる流れが生まれている。*11

どのような家庭環境の子どもにも公平なチャンスが与えられるようにという願いで設立された同校に入学テストはない。学区内に住んでいれば、入学の抽選に申し込みができる。抽選は居住区域ごとに均等に席数が配分される形だ。そのため、飛び級で入学できる学力の子もいれば、ADHD（注意欠陥多動）などの発達障害のある子、いわゆる高学歴家庭ではない子など、様々な環境で育つ子どもたちが通う学び舎となる。社会環境を反映した多様性のあるコミュニティで学び合うことで、子どもたちが分断された社会の殻に閉じ込められない設計となっている。

＊10　Federis, Marnette. (September 2, 2006) Questions for Larry Rosenstock. Voice of San Diego.
＊11　https://edsource.org/2018/gates-foundations-new-school-initiative-awards-big-grants-to-california-nonprofits/601664

HTHには定期テストも宿題もない。その代わり、生徒たちは中長期のプロジェクトに没頭し、深い関与度で取り組むことで、基礎学力だけでなく、21世紀スキルとして注目されているコミュニケーションスキルやコラボレーションスキル、グリットといった非認知能力を日々育んでいる。グリット＝「やり抜く力」は、「子どもの人生での成功の分かれ目となる大切な資質」とペンシルバニア大学のアンジェラ・ダックワース教授の研究で明らかにされてから世界中で注目されている能力であることは本書でも繰り返している通りだ。HTHが注力しているプロジェクトでは、何度も試作品を作り直して最終的な発表作品につなげていくために、とりわけ粘り強さが求められる。

IT人材を育てることを目的とした学校と聞くと、プログラミングに強い専門学校のようなイメージを持つかもしれない。しかしながらHTHは、校舎に一歩足を踏み入れるとよい意味で期待を裏切られるだろう。「ここはアートスクールか」という印象を抱くほど、生徒のプロジェクト成果である美しい作品群であふれているのだ。

STEAMのA（アート）の部分がどのプロジェクトにも反映されているため、作品自体の美しさだけでなく、展示についても学内のキュレーターが関わっているという。生徒たちに話を聞くと、どの子も1人ひとり、自分が誇りに思っているプロジェクトについて嬉しそうに、時には興奮しながら話をしてくれる。

HTHは、子どもたちが高い目的意識と関与度を持って学びに取り組むには、彼ら、彼女らの学びの成果が真正なものでなければいけないという教育観で運営されている。真正な学びの体験づくりのため、生徒の作品を学内に展示したり、保護者に見せたりするだけではなく、作品のユーザーもしくは適切な評論家であるプロに評価してもらうことを大切にしているのだ。

ＨＴＨはＰＢＬのデザイン原則として次の３つを重視する。

1. 発表（Exhibition）
2. 複数の試作品（Multiple Drafts）
3. 建設的批評（Critique）

発表（エキシビジョン）は、ＨＴＨがＰＢＬを核とした真正な学びの設計上で大切にしているデザイン原則のひとつで、教員は最終発表のイメージをめあてにプロジェクトを計画している。発表会で作品に関する、もしくはそれらを利用する人たちに紹介しフィードバックをもらうところそが子どもたちの真の学びやモチベーションにつながるという考えのもと、デザイン原則の残りの2つが日常的に取り入れられている。生徒は同級生や先生、学外の協力者から建設的批評を得ながら何度も試作品をつくり直すことで完成度を上げている。

生徒たちはＰＢＬを通じて日常的に学外のロールモデルと触れ合う機会があり、わざわざ教室で「キャリア教育」といった特別な授業を設ける必要などない。加えて高校生になってインター

Compton

ンシップを経験することで、将来の大学やキャリアへの具体的なイメージの解像度を上げている。

現在HTHは100以上の地域団体、企業、NPO、行政機関などと連携しており、高校2年生と3年生で全員がインターンシップに取り組む。高校3年生はインターンシップ先でのプロジェクトに関して小論文にまとめることで、学びと仕事のつながりを実感している。

このようにHTHのPBLを実現するためには、社会との接点は欠かせない。同校では教員間で密なコミュニケーションをとり、実施するプロジェクトごとに適切な外部パートナーと連携している。例えば海洋生物のプロジェクトの発表会は水族館で実施したり、水質汚染の調査プロジェクトでは、水質保全の環境NGOや地元のメディアと連携したり、障害者のためのゲームを考えるために、ユーザーインタビューをしたりするなど、個人から法人、行政まで様々な連携を行っている。

学外の専門家やユーザーが学びのプロセスに参画することで、目指すべき目標は自然と高く設定される。こうして、同校のPBLは、生徒たちがモチベーションを維持しながら深い学びの世界に入り、試行錯誤を通じて高いレベルの作品を作り上げるプロセスを実現しているのだ。高い完成度を目指すプロジェクトの経験を通じて、生徒たちが自信や自己効力感を身につけている様子は、HTHの生徒たちと話すとよく伝わってくる。

発表作品は、歴史ドラマの演劇に始まり、模擬裁判、キャンピングカーやスケートボード・パークのデザイン、山火事の保全案といったソリューションや提案まで、とテストの点数のように一律に評価できるわかりやすい内容ではない。それが故に大学入試対策とかけ離れた内容に見えることもあり、受験のための準備時間が不足するのではという懸念が良く上がることも事実である。

しかし、HTHは大学進学実績においても好結果を生み出していることは見逃せない。ローゼンストックCEOによると、大学進学率は96％であり（2018年の米労働省の調査によれば、米国の高校生の大学進学率は69・1％）[*12]、2018年のポイント・ロマ・キャンパス（6校ある高校のひとつ）の卒業生の19％は、カリフォルニアの名門である州立大学に進学している。また、大学の卒業率が58％の中、HTHの卒業生の86％は入学から6年以内に大学を卒業している[*13]。このような結果も受け、同校は2014年から2015年には7000人のウェイトリスト（空き待ち）を抱えるほどの人気校となっている[*14]。

IT企業の幹部が子弟を入れたがる先端校はスタンフォード大学と連携「シナプス・スクール」

シリコンバレーのど真ん中であるメンローパークに位置するシナプス・スクールは、私立の幼小中一貫校である。ここは心の知能指数（EQ）の普及に取り組むNPOシックス・セカンズの

＊12　https://www.bls.gov/news.release/hsgec.nr0.htm
＊13　https://nscresearchcenter.org/wp-content/uploads/SignatureReport16.pdf
＊14　The Causal Impact of Attending High Tech High's High Schools on Postsecondary Enrollment, Joshua M. Beauregard and others, page 9, https://dash.harvard.edu/bitstream/handle/1/23519639/BEAUREGARD-DISSERTATION-2015.pdf?sequence=1

創設者の1人であるアナベル・ジェンセンが2009年に共同創設した学校でもある。同校は、社会性と情動の教育（SEL）、イノベーション、そして科学的根拠に基づいた教育を実施することで、チェンジメーカー（変革を起こす人）を育てることを目標としている。生徒の保護者にはシリコンバレーのIT企業のエグゼクティブも多く、テクノロジーが進化したこの時代にいかに心の教育の大切さへの注目が集まっているかがうかがえる。

科学的根拠に基づき、子ども1人ひとりの特性に寄り添った教育を実施する上で、ミステリーのままとなっているのが脳の働きである。スタンフォード大学教職大学院と脳科学ラボの研究パートナーとして、校内に脳科学研究のラボ"Brainwave Learning Center at Synapse School（BLC）"を設立。「人間と脳のミステリーを探究する場所」をテーマとして、学びの体験が脳にどのような影響を及ぼすのかを研究している。[*15] 学内にこのような教育文脈での脳科学ラボが常駐する試みは米国でも数少なく、研究、教員研修、そして生徒への脳科学の教育を組み合わせた例としては初の試みだそうだ。

BLCが学内にあることは、研究者にとっても新しい研究機会をもたらしている。大学のラボという子どもたちにとって緊張感のある人為的な場ではなく、実際の学びの場で子どもたちが研究に参加してくれるからだ。生徒たちにとっても、研究に参加しながら脳科学について学べるというまたとない学習機会となっている。実際に同校の生徒で、脳科学について学んでいる間にディスレクシア（読字障害）であると診断され、さらに脳の働きに関心を高めた生徒もいるそうだ。

＊15 https://ed.stanford.edu/news/stanford-researchers-investigate-how-brain-changes-different-learning-experiences

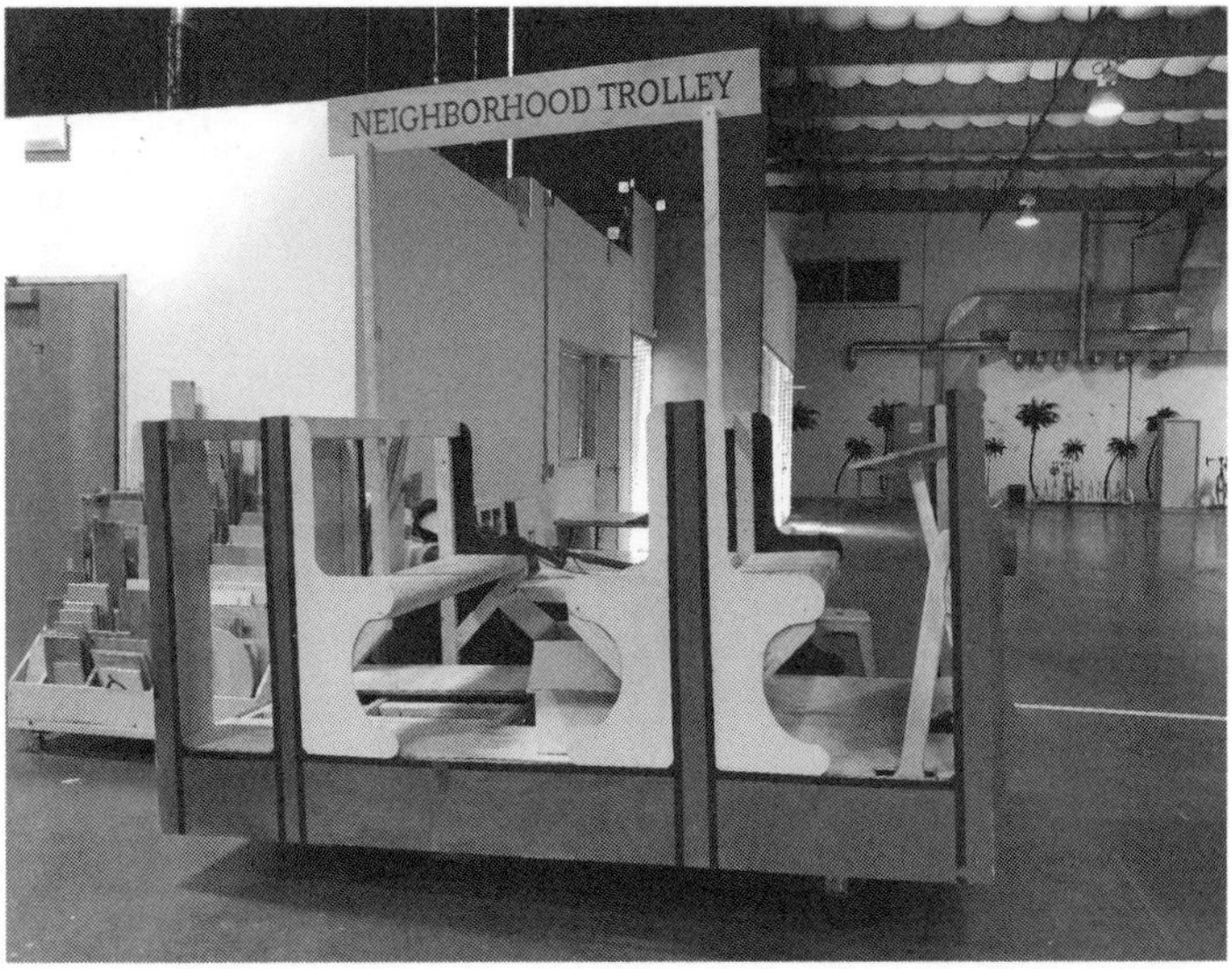
NEIGHBORHOOD TROLLEY

synapseschool
Six Seconds | Educating Change Makers
Choose Yourself
Give Yourself
Increase Empathy
Pursue Noble Goals
WON'T YOU BE MY

このほかＢＬＣの研究者は同校のスタッフとして、日々生徒たちと関係性を育むことで、子どもたちも心理的なハードルが低い形で研究に参加することができている。例えば、ＢＬＣを通じて子どもたちは最新の脳波の調査ツールについて知り、脳科学についての工作から理解を深め、感覚の錯覚や教科と関連した脳科学のレッスンを受けることができる。

小学校2年生の理科の人体に関する授業では、落ちてくる定規をキャッチする実験を通じて、刺激に反応するためにかかる時間という概念を学ぶ。中学生には、ティーンエイジャーの脳の発達が及ぼすリスクの取り方や判断のコントロール機能について学ぶ機会もあるそうだ。このほか、現在5人の中学生がＢＬＣの研究助手としても活躍しているというから驚く。

スタンフォード大学教職大学院の記事によると、シナプス・スクールのジム・イーガン校長はこの取り組みを次のように評価している。

「生徒はこのコンセプトをたいへん気に入っています。自分の脳を知ることで、どのような学びのパターンがあるのかを理解できることはとても嬉しいことです」

スタンフォード大学の研究者が教員たちと協働することで、現場を知る教員から様々な研究のアイデアも生まれているそうだ。例えば、身体的な動きと認知の関係や、第二外国語の脳への影響などのテーマで、教員との間で活発な議論が行われているという。

ほかにも同校は、「TeachFX という生徒の学びへの関与度を測るスタートアップの開発者も学内起業家として受け入れている。校内にスタートアップ関連の人材がいることで、教員が授業の様子についてデータに基づいたフィードバックを受ける試みを行っている。このような先端的な取り組みに研究パートナーとして参画することは、教員の授業力も上がり、プロとしての成長も感じられる機会となっているようだ。

学内で大学や企業の研究をサポートするコラボレーションは、新しい社会の学びの連携である。

大手ソフトウエア企業オラクルの敷地内に建てられ、デザイン思考に基づく「デザイン・テック高校」

2018年に開校したデザイン・テック高校（通称dTech）はチャータースクールのひとつである。大手ソフトウエア企業オラクルとオラクル教育財団の支援により46億円をかけて建てられた学校施設がオラクル本社の敷地内にあるという、シリコンバレー発の産学連携の新しい形ともいえる学校である。

この学校は学校名が示唆する通り、スタンフォード大学dスクールで開発され世界中のビジネス現場で活用されている5段階の「デザイン思考」（詳細は第3章）を学校教育の中心に取り入れている学校である。「デザイン実現ガレージ」という557平方メートルの（テニスコート3面分弱）[*16]メイカースペースでは、生徒がプロトタイプを自在に作ることが可能となっており、デザインラ

＊16　6000スクエアフィート（1スクエアフィートは、0.09スクエアメーター）https://www.bdcnetwork.com/learning-doing-students-took-active-role-design-bay-areas-dtech-high-school

ボというクラスを通じて、サッカー選手の動きを計測する3Dプリンターで作られたシンガードや展示会の内装道具など実生活に役に立つソリューションが生み出されている。[*17]

この学校の成り立ちは、オラクル教育財団が新しい教育プログラムを模索していたことに始まる。

教育プログラムをデザインするにあたっての条件は、オラクル社員がいかにボランティアとして財団の活動に関与し、生徒の学びの体験に直接的に関わるかということだった。オラクル教育財団は、新しい教育プログラムの要素を洗い出すため、2014年5月にオラクル社のボランティア20名とサンフランシスコ湾岸の9つの高校の教育者、管理職らを集め、8時間にわたるブレインストーミングを行った。その折にdTechとの出会いが生まれたのだという。筆者の訪問時、オラクル教育財団のエグゼクティブ・ディレクターであるコリーン・キャシティは、パートナーとなるdTechとの出会いをこのように語ってくれた。

「『デザイン思考』というテーマの共通点にとてもワクワクしました。彼らの教育モデルが持つ3つの特徴にも興味を惹かれたのです。すなわちそれは、生徒の学習体験の究極の個別化、知識を行動に移すカリキュラム、1回2週間で年4回開催されるインターセッションプログラム（課外授業）を通じて地域の人々から教わる実践型プログラムです」[*18]

学校の建設までは、オラクルが建築主として建物やセキュリティ、ITそして持続可能性の部分を担い、学校側は、内装やラーニング・スペースデザインを担当し、教育財団が3者の連携を

＊17　https://www.designtechhighschool.org/student-life-2/2018/11/26/beyond-campus
＊18　https://forbesjapan.com/articles/detail/30633

designtech @ ORACLE
HIGH SCHOOL
BUY YOUR YEARBOOK
dtechyearbook.com

含む全体のプロジェクト管理やコミュニケーション管理を行うことで実現にこぎつけた。[19]オラクル本社のあるサンフランシスコの湾岸エリアは環境保全地域でもあり許認可には苦労も多かったが、パートナーシップの力で実現に至った。学校が開校した今は、オラクル側は社内からボランティアコーチを派遣することを通して運営に関わっている。

dTechではインターセッションと呼ばれる外部講師による授業が、年に4回、2週間ずつ、学期の間に設けられている。そこにはオラクル社員によるボランティアだけでなく、地域の様々なプロフェッショナルや地元企業が関わっている。オラクル社員は年間30時間（1日3時間を10営業日）をコミットし、子どもたちにデザイン思考などのレッスンを行っている。社会のプロが子どもたちに教えるというと慈善事業的に聞こえるが、社員がボランティアによって得るものは格段に大きい。「若者の斬新なアイデアや質問を通じて、社員への気づきも多い」とキャシティは教えてくれた。また、このようなプログラムへの関与は人材の採用や定着にも役立つのだと言う。

「このようなボランティアプログラムが社内にあることは、社員のやりがいにもつながり、若い従業員の定着に役立っています。ボランティア活動は、トップ人材を惹きつけ、定着してもらうためにとても大切です。特に、ミレニアル世代やZ世代の若者は、社会的に責任のある行動をとる企業、しかも就業時間内にボランティア活動ができる企業に勤めたいと思っているのです」

充実した学習環境やカリキュラムに加え、第一線の専門家から学ぶ機会も兼ね備えたこの魅力的な公立高校は、開校時から人気を博し、現在1学年138名の定員に対して600〜900名

＊19 https://www.bdcnetwork.com/learning-doing-students-took-active-role-design-bay-areas-dtech-high-school

の応募があるそうだ。

博物館や史跡と組み歴史保存活動に貢献するハワイの伝統校「ミッド・パシフィック・インスティテュート」

ミッド・パシフィック・インスティテュート（Mid Pacific Institute）は、ハワイ州ホノルルに１９０８年設立された伝統私学一貫校である。幼稚園から高校まで、一貫して探究的な教育を実施している。ハワイ州で初めて国際バカロレア（ＩＢ）を導入し、２０１２年には早くも全校生徒にｉＰａｄを供与した。９年生（中３）と10年生（高１）の期間は、ＰＢＬ主体の授業を選択できるコースを設立したほか、ＶＲ（仮想現実）などの最新テクノロジーを積極的に導入するなどプログレッシブ（前衛的）な教育の実践で知られている。

同校は様々な学外のパートナーとの取り組みによるＰＢＬを実践しているが、中でもユニークなのは、博物館や史跡との連携である。博物館の展示物を３Ｄ（三次元）データとして保存するプロジェクトを通じて、歴史保存に関する様々な課題について探究をしたり、保存におけるテクノロジーの役割について学ぶ機会を提供している。

この学校の３Ｄ技術の利用は早く、２０１３年に文化遺産のデジタルアーカイブを使命とする

NPOサイアーク（CyArk）の支援により3Dスキャナーの活用をスタートした。現在では、ハワイの史跡や美術館の依頼で三次元化に取り組むことも多いそうだ。

以前、筆者が訪問した際には、ハワイ大学のイースト・ウェストセンターにおいて2007年に再建されたタイ・サラという建造物の3Dスキャンデータを教室で加工しているところを見学した。この建物は、1967年に当時のタイ国王から同センターに寄贈されたもので、タイとハワイの親睦の証しでもある特別な建造物だという。データが完成すれば、タイ国王にセンターから贈呈する予定もあるそうだ。[*20] 授業で取り組んだ作品が、タイ国王に見てもらえる可能性があるとはなかなか得難い機会と言えるだろう。ほかにもワシントンDCにある国立スミソニアン博物館が所蔵するかつてのハワイのカピオラニ女王が使用したカヌーの3Dデータを生徒が活用して、歴史保存活動に貢献する可能性なども検討しているそうだ。

日本は近年、特に地震や自然災害が多いので、歴史的建造物のデータ保存は大きなテーマでもある。中高生が3Dスキャンテクノロジーを活用したPBLに学校で取り組めれば、地域の歴史保存に貢献しながら、地域社会への関心を醸成する機会となり得る。ミッド・パシフィック・インスティテュートの取り組みは、国中に歴史的建造物がある日本の文化財保護にとっても実に有益で参考になるパートナーシップの事例とも言える。

＊20　https://www.midpac.edu/news/2018/12/mid-pacific-historic-preservation-class-studies-scans-and-preserves-valuable-community-landmarks.php
https://www.midpac.edu/preservation/2019/05/thai-sala.php

マイノリティや貧困層地域での公立校の底上げ「イーエル・エデュケーション」

イーエル・エデュケーション（EL Education 以前はエクスペディショナリー・ラーニング、以下ＥＬ）は１９９１年にハーバード教育大学院とアウトワード・バウンド（自然の中での冒険を通じて人格形成を行う体験学習プログラム）の協働プロジェクトとして始まったＮＰＯ団体である。「生徒と先生がチャレンジングで、冒険に満ち、意味深い活動に取り組む時に、学びと学力が花ひらく」[*21]というビジョンのもと、教員や学校の管理職の改革を通じて生徒の学力向上や大学入試、就職、そして人生での成長や成功に貢献することを目指している。

当初、東海岸に学校をスタートさせるところから始まったが、現在は全米30州、１５２校がパートナーとしてＥＬの学校デザインモデルを取り入れている。学校全体としてのパートナーシップに加え、高次の思考活動につながる国語のカリキュラムも無償で提供している。２０１９年には合計で１５００校、50万人以上の生徒と3万人以上の教員に対してＥＬのカリキュラム、学校デザイン、教員研修などが提供されたそうだ。[*22]

ＥＬの学校デザインはホール・チャイルド・アプローチに基づいており、カリキュラム、指導、学校文化、人格、評価、そして学校運営のリーダーシップの分野で37の核となる実践がある。現

＊21　https://eleducation.org/resources/el-educations-vision-mission-and-approach
＊22　https://eleducation.org/uploads/downloads/EL-Education-2019-Annual-Report.pdf

在は、学習者中心の深い学びが実践される環境づくりに関するリソース提供や研修などのサポートを幅広く実施している。

生徒の学習活動の成果は、人間関係、感情と学力が絡み合っているという事実に基づいて設計され、次に挙げるような「知識とスキルの習熟」「生徒の人格の成長」「学びの質」という3要素で測られる。*23

・**知識とスキルの習熟**――教科の知識の習熟と深い理解だけではなく、その知識を実際の課題に応用できる力や批判的思考能力、コミュニケーション能力が問われる。

・**生徒の人格の成長**――生涯学習者としてのマインドセットの醸成、倫理感の高い人への成長、学びを活かした社会貢献が求められる。

・**学びの質**――高次の思考、多様な視点、応用力が求められる複雑な仕事や職人気質が発揮されて、実社会の課題につながった真正な作品や意見が期待される。

第三者機関マスマティカ政策研究所（Mathematica Policy Research）の調査によると、ELが2014年から5年間のプロジェクトとして実施した「教員潜在能力開発プログラム（Teacher Potential Project）」*24は、国語のカリキュラムを実践するための教員研修とコーチングが提供されたものである。開始から1年後には、教員の成長と1・4カ月分の生徒の学力の向上につながった

＊23　https://eleducation.org/who-we-are/our-approach（本文中の解説は原文より筆者要約）
＊24　https://eleducation.org/uploads/downloads/EL-Education-Teacher-Potential-Project-Impact-Summary.pdf

ことが報告されている。

全米18学区の70校が参加したこのプロジェクトは、５年間で13億円という規模の資金援助により実現した。主にマイノリティや貧困層が多く通う学校での言語能力の向上を狙って実施されたプロジェクトへの多額の資金は、米教育省の「イノベーションへの投資」助成金のほか、ビル・アンド・メリンダ・ゲイツ財団をはじめとした21の個人や団体が同額の助成を行うという、公と民の協力体制で集められた。

教育の成果は短期では測りづらい。単年度ではなく5年プロジェクトとすることで、研究者も入って丁寧に効果を検証していける。このような支援体制もあらためて参考にすべき点だろう。

またＥＬのリサーチアドバイザーには、ペンシルバニア大学のダックワース教授、シカゴ大学学校調査コンソーシアムのマネージング・ディレクターであるカミーユ・ファリントン、ハーバード大学教職大学院のハワード・ガードナー教授、前述のＣＡＳＥＬ（SEL推進機関）の創設メンバーであり、イリノイ大学のロジャー・ワイスバーグ教授などＳＥＬ分野の錚々たるメンバーが関わっており、ＥＬがいかにリサーチをベースとしたホール・チャイルドの育成を重視しているかが分かる。

ダックワース教授は、ＥＬエデュケーションについて次のように語っている。[*25]

「科学者は、すべての子がとてつもない好奇心を持って生まれてくることを知っています。教育の過程で、この初期の活気に満ちた好奇心やリスクを負う力、そして大胆さがなくなってしまう

＊25　前掲

のです。消えてしまうのです。ＥＬのとても好きな点のひとつは、ＥＬの生徒たちがこの内側から湧き出る活気を維持する方法を見つけているところです」

科学的根拠に基づいた実践や効果検証を重ねていくことで、学区や学校のパートナーシップも着々と増えている。ＥＬのような中間支援組織が良き実践を広げていく力は大きい。

地域内連携で学びのエコシステムを創出し、若者のアクセスを拡大する「リメイク・ラーニング」

学びは学校の中で閉じる必要はない。地域資源である学校と行政、美術館、図書館、民間企業、ＮＰＯ、財団、ローカルメディアが協働する例は増えている。

ピッツバーグを拠点とするリメイク・ラーニング（Remake Learning）は、デジタル時代の若者の関心を喚起する深い学びを提供することを目的としたエコシステムの立役者だ。デジタルとアナログを活用して、ネットワーク全体から子どもたちが学ぶ機会を生み出す「コネクテッド・ラーニング（Connected Learning）」という教育論を実践する組織のひとつである。

リメイク・ラーニングは最初から大きな組織として始まったわけではない。２００７年のスタート時は、地元のグラブル財団の音頭により集った、学校、美術館、図書館、未就学児施設や学外教育者たちのカジュアルなグループだった。

当初、Kids ＋ Creativity という名称で様々な実証プロジェクトが行われていたのだが徐々にネットワークが拡大し、２０１４年に現在の母体となるリメイク・ラーニング・カウンシルが設立された。カウンシルには、ピッツバーグ地域の学校、大学、教育行政、美術館、図書館、民間企業、ＮＰＯ、財団、メディアから50名以上の委員が集まっている。[*26]

２０１５年には２００ほどだった参加団体や企業メンバーは現在５００を超えるほか、６００の学区もパートナーとなっている。リメイク・ラーニングのアンケートによると、８６％のメンバーが、ネットワークを通じて新たな協働の関係を築いているという。現在では全国から教育者や行政が、地域間の協働による教育改革の最前線を知るために訪れている。

現在は、主に8分野に焦点をあてる。具体的には、コンピューター・サイエンス教育の普及、質の高いメイカー教育のためのワーキンググループ、教員の学び合いコミュニティ、ＳＴＥＡＭの協働エコシステム、イノベーションを生む教育政策委員会、個別化教育委員会、仕事の未来を考える委員会、若者の声委員会、21世紀教育について、プログラム面、研修面、ポリシー面、文化面からサポートしている。

ソーシャル・イノベーションに特化した社会企業、イノベーション・ユニットの共同創業者であるバレリー・ハノンはこうした地域内連携による学びのエコシステムについて次のように述べている。

＊26　https://remakelearning.org/

「コミュニティの幅広いリソースが集う外の世界と関わることができれば、年代や性質や能力に関わらず、どの学習者もそれぞれのニーズにあった機会を手にすることができるのです」[*27]

日本は全都道府県に図書館、美術館といった文化施設や大学、公共施設も豊富にある。子どもたちが地域全体から学ぶチャンスを得やすくなるためのエコシステム作りとしてリメイク・ラーニングの取り組みは参考になるだろう。

地域コミュニティでプロジェクト型学習を体験できる「アイオワ・ビッグ」

アイオワ・ビッグ（Iowa Big）は、アイオワ州で地域の公立校に通いながら、放課後活動ではなく授業の一環としてプロジェクト型学習（ＰＢＬ）の授業に参加できるという画期的なプログラムである。ＰＢＬを実施する教員をそれぞれの学校で養成するのではなく、ＰＢＬに関心のある生徒が4学区から集まり（当初は2学区からスタート）、共に学ぶという、地域が連動することで実現したユニークな取り組みだ。現在２５０名の生徒が２カ所のアイオワ・ビッグに分かれて通っているという。

このプログラムが実現したのは、２０１２年に地域住民が「理想の学校とは何か？」というテ

＊27 https://www.wise-qatar.org/app/uploads/2019/05/wise_report-rr.1.2019-web.pdf

ーマで集まったのがきっかけだった。

地域の60名の大人が生徒となって学校に行き、1日試しに授業を受けてみたところ、子どもたちは退屈しきっており、教員も授業に関心を持たせることに苦労していることが一目瞭然だった。教科ごとの学びにより、学びそのものがつまらなくなっていて、教えることも難しくなっているという事実にすべての大人生徒たちは気づいたのである。参加者の中からは「日頃、数学が必要な仕事をしているが、授業では社会に出て役に立ちそうなことは何も教えていないことを痛感した」という感想もあったそうだ。[*28]

そこで、カリキュラムや時間の過ごし方が決められている従来型の高校ではなく、生徒自身が主体的な学習者として活動し、自らの才能や関心を発見することを狙って設立されたのが、複数の学区が共同運営する公立校のアイオワ・ビッグである。現在100以上の地元企業やNPO、行政などと協働し、生徒がプロジェクトに関われるようなコーディネートも行う。高校時から地域の大人とプロジェクトを体験することで、普通は大人にならないと持てないような地域での人脈も育んでいる。

アイオワ・ビッグはプロジェクトを核とした学びを生徒が主体的に行うことで、21世紀スキルと基礎学力の両方を身につけられるプログラムと言える。対象となるのは、シーダー・ラピッド、カレッジ・コミュニティ、リンマーもしくはアルバート・コミュニティという4学区の公立高校に通う生徒たちである。プログラムに参加する生徒は最低3限分の連続した時間、すなわち1日

*28　https://iowabig.org/about/history/

2～3時間、週に10時間程度をアイオワ・ビッグで過ごすことになる。プログラムは4つの参加学区の予算で運営されており、アイオワ・ビッグでの履修単位や成績が、所属高校の成績にも反映される仕組みだ。

受講できる科目は、高校で通常履修する必修や選択科目に近い名称となっており、必修科目では、統計に関するクラス（数学）であったり、化学、物理、環境科学、科学研究といったクラス（科学）、そしてコンピューター・サイエンスやアジャイル開発のマインドセットといった選択クラスもある。[*29] 学区にもよるが、現在18～23のクラスから選択できるようになっている。

実際に生徒が関わるプロジェクトは、中学校のマインドフルネス・ガーデンのデザインや、地域の歩行者や自転車用の橋建設プロジェクトに関するリサーチやアウトリーチ（奉仕活動）、ロケットデザイン、GPS（全地球測位システム）を活用したアプリ開発、ティーンエージャーのための地域観光ガイドづくり、公園のサイネージ（街頭広告）のデザイン、多国籍の生徒が通う学校の壁画作成、食品の科学をテーマとしたYouTubeチャンネル作成など多岐にわたる。

例えば、ある中学3年生の男子は、7カ月の間に水中を潜るデバイスのデザイン、子どもの時期にトラウマを経験した生徒への対応法の最適な提案づくり、ドローンデザインとプログラミングなどを経験したと語っている。[*30]

パートナー企業のひとつであるImOnコミュニケーションの経営企画部ヴァイスプレジデント、バーナード・ダチックは次のようにアイオワ・ビッグを評価している。「ここでは未来の人材が

*29 https://iowabig.org/prospectivestudents/
*30 What School Could Be by Ted Dintersmith, page 196

高校生の時から実社会への準備をしています。これは地域にとってきわめてポジティブなインパクトをもたらしているのです」[*31]

アイオワ・ビッグができたことで学区間の連携が深まっただけでなく、学校と地域のつながりも深まり、参加している生徒を通じて、従来的な価値観に縛られていた教員自身が21世紀スキルについて理解を深めることができるという地域の教育の取り組みの成功事例となっている。

ＮＰＯ、地域の有力企業などシビック・パートナーと協働する「ミネルバ大学」

小中高の事例を主に紹介してきたが新しい大学の取り組みにも触れておきたい。ミネルバ大学(Minerva School at KGI)は、２０１４年に開校した今までの大学教育のあり方を一新する大学である。伝統大学がなかなか時代の変化に合わせてダイナミックに動けない状況の中、未来の高等教育のあり方のロールモデルを示したいというビジョンでスタートしたのがミネルバなのである。

同校の設立者は、シリコンバレーのベテラン起業家ベン・ネルソンだ。ネルソンは、ハーバード大学の元社会科学部長で、認知心理学や神経科学、学習科学の権威でもあるスティーブ・コスリン教授を迎え、21世紀にふさわしいリベラルアーツ教育により真のグローバルリーダーを育

＊31　https://iowabig.org/2019/06/24/imon/

成することを狙ってカリキュラムを構築した。受験料は無償な上に、スカラシップや在学中に学内でのアルバイトで学費を稼げるという金銭的なサポートもあるため、家庭の経済状況にかかわらず世界中の若い才能が応募している。初年度は2・8％の合格率で、ハーバード大学よりも狭き門となり話題になった。現在、1学年あたり150名ほどの学生が在籍する、新しい時代のグローバルエリート育成大学である。

同校は多国籍の学生が、実社会での活用を見据えたカリキュラムをオンラインのアクティブ・ラーニングフォーラムというオンライン環境で履修している。このシステムは、ネルソンが同時期にスタートしたミネルバプロジェクトにより独自に開発された。キャンパスはバーチャルのため、先生や生徒がどこにいても構わない。授業はオンラインである一方、プロジェクトや放課後の活動も豊富にある。結果的に学生間や学生が地域と交流する機会はふんだんに用意されている。

この独自のオンラインとオフラインを融合したハイブリッド教育を実践するミネルバ大学は、グローバルで複雑かつ変化の速い現代社会における次世代リーダーを育成するために必要な知識、思考力、コミュニケーション力の習得を、既存の大学より効果的かつ適切なコストで実現する「高等教育を再創造した大学」として全世界から注目を浴びている。新型コロナウイルスの影響により、多くの学校が物理的なキャンパスを閉鎖することを余儀なくされたが、ミネルバのオンラインを中心とした学びは、壮大な実験として様々な視座を与え続けている。

大学の運営母体はカリフォルニア州のサンフランシスコだが、授業が全てオンラインのため校舎はない。キャンパスに依存しないことで4年間、サンフランシスコ、ブエノスアイレス、ソウルなど7つの都市に住みながら学ぶことを実現した同校は、実践的な学びを活用する機会を設けるために、各都市でシビック・パートナーと幅広いプロジェクトを行っている。

パートナーの顔ぶれは、行政、民間、ＮＧＯ、スタートアップなど幅広い。例えば初年度を過ごすサンフランシスコでは、サンフランシスコ・オペラ、市役所、クラウドファンディングのインディーゴーゴー（Indiegogo）、途上国向けのマイクロローンで知られるキバ（Kiva）、ベンチャーキャピタルの500 Startups《スタートアップス》、新興国に特化したコンサルティング会社であるダルバーグ（Dalberg）などが名を連ねる。年間を通じて様々な団体や企業のプロジェクトに生徒が関わっているため、生徒のコミュニケーションスキルはとても高い。

筆者は、ミスルトゥ（Mistletoe）とミネルバ大学の協働プログラムの開発と運営に立ち上げから3年間、関わってきた。プログラムでは、ミネルバの学生が日本文化を吸収するとともに日本のスタートアップや大企業、大学などと夏休みの間に8週間インターンシップを体験する機会を提供している。

２０１９年夏に3回目を迎えたプログラムには、これまで電通、埼玉大学、ベンチャーリパブリック、農業ＩｏＴベンチャーのセンスプラウト（SenSprout）、ヴィヴィータ（VIVITA）など多彩な企業や団体が参画した。大学生とはいえまだ1年や2年を終えたばかりの学生たちが最先端の企業で貢献できるのか懸念はあったものの、3年連続で8割を超える参加企業が「新卒に対する期待を超えた」と回答している。

プログラムは、学生の9割以上が毎年5段階で4以上の評価をする満足度を得ており、現在、同校の学生が毎年100名以上応募する人気となっている。学生にとって、日本という独自の文化や価値観を持つ国での長期にわたる真正な経験は新たな視点の獲得につながる。企業にとっても、フレッシュで多様なバックグラウンドを持つ若者たちの視点に触れる貴重な機会となり、新たな価値創造へのきっかけを得るチャンスとなる。このようなステークホルダーすべてにメリットがある国境を超えた産学連携の取り組みがもっと広がってほしいものである。

ザッカーバーグも支援、拡大する教育科学に基づく学習者中心プログラム「サミット・ラーニング」

「私にとって学びとは、すべての生徒にとって納得ができるもので、彼ら、彼女らの長期的な目標や野心とつながった進路を持つことなのです」とサミット・パブリックスクール（Summit Public Schools、以下SPS）の創設者でありCEOのダイアン・タベナーは言う。この言葉に表現されるように、SPSは独自の学習者中心の教育プログラムを構築・実践するユニークな公立校ネットワークである。

公教育のイノベーションラボを標榜するSPSは、2003年の創設以来、カリフォルニア州とワシントン州を基盤に拡大し、現在15校、４４００名の生徒が通う。*32 スタンフォード大学、ハーバード大学、イエール大学、ＣＡＳＥＬ、ペンシルバニア大学ダックワース教授が主催するキャラクターラボなど数多くの研究機関、教育政策団体やＮＰＯなどと協力体制を持ち、独自の教育理念や学習の柱、カリキュラムデザインを磨いてきた。

ＳＰＳは独自のテクノロジープラットフォームを活用した個別学習も実現している。このシステムでは、生徒は年度だけでなく長期の目標も設定することができるため、教員は生徒の目標や学習状況のデータをもとにメンタリングができる。

システムには国語、歴史、数学、科学の教科をカバーした合計２００以上のプロジェクト（数学は単元ごと）が内蔵されており、プロジェクトを通じて、知識を活用、応用する深い学びを積み重ねることも期待されている。プロジェクト以外にも、知識の獲得に主眼をおいたフォーカスエリア（Focus Area）というコーナーがあり、生徒は自らのペースで学び、習熟度確認を行うことができる。全体の成績の30％がフォーカスエリアの結果なのだそうだ。

パソコンばかりに向かっているようにも聞こえるかもしれないが、学内では決してそのような印象は受けない。教室では生徒同士が協働することも多く、教室での実験、ディスカッション、発表なども定期的に行われている。筆者が２０１９年に訪問した際も、生徒が国語や科学の発表を行っており、生徒ごとの内容の多様性に驚いたことを覚えている。

個別学習にフォーカスする理由は、公立という多様なバックグラウンドの生徒が通う環境にお

＊32　Excellence in Equity - Summit Public Schools End-of-year Summary, 2018-2019

いて、すべての生徒に公平な学びの機会を与えることを狙っているからである。実際、生徒の45%がランチ補助を受けており、12%は英語を母国語としない生徒であり、12%は特別支援の対象となる生徒である。

生徒の学びは、前述のスタンフォード評価・学習と公平センター（Stanford Center for Assessment, Learning & Equity）と共に州のコモンコア基準（Common Core State Standards）、次世代科学基準（Next Generation Science Standards）、C3社会学フレームワーク（C3 Social Framework）に準拠した評価基準を開発し、ルーブリック評価[*33]を行っている。

個別学習を成功させるためには、第1章でも紹介した学びへのマインドセットを持った生徒が自らの目標を設定し、目標に向かってたゆまぬ努力を続けられる自律的学習者として成長しなくてはいけない。SPSでは、従来型の学校で重視される知識や認知スキルだけでなく16の成功の習慣も加わった3つの輪を学習の成果と掲げ、自律学習、プロジェクト、そして一対一のメンタリングを通じて生徒が自立して生涯学び続ける大人に成長するための学校デザインを開発した。

結果として米国では公立高校の卒業率が社会問題になっている中（2018卒業年度の全米平均は85%[*34]）、100%の生徒がSPSを卒業し、98%の生徒が4年制大学への進学を実現している（2018〜2019年卒業生）。

SPSの教育プログラムへのニーズの高まりを受け、2015年以来、非営利団体のTLPエデュケーション（TLP Education、以下TLP）を通じて、SPSで培った教育プログラム、サミッ

＊33　学習到達度を評価項目とレベルで表形式に表し、それらに基づいて達成度を測定する評価方法。ペーパーテストで評価が困難な「思考・判断」や「関心・意欲・態度」、「技能・表現」の評価に向くとされる。
＊34　“Public High School Graduation Rates” 2017-2018, National Center for Education Statistics　https://nces.ed.gov/programs/coe/indicator_coi.asp

ト・ラーニング・プログラムを全国に広げる活動も行っている。驚くことに、本プログラムは無償で全国の学校に提供されており、80名のスタッフが、カリキュラムや学習プラットフォームだけでなく、教員研修、コミュニティ運営やメンターと通じたサポートも提供している。２０１９年時点で37州で３８０以上の学校、７万２６４０名以上の生徒に利用されているというから成長ぶりに驚く。

急成長を遂げるＳＰＳやＴＬＰを支える理事会のメンバーは精鋭揃いである。ＳＰＳの理事会には元イーベイ（eBay）社長兼ＣＥＯのメグ・ホイットマンなどビジネスやテクノロジー、金融のエグゼクティブが参画している。ＴＬＰは、チャン・ザッカーバーグ・イニシアティブ（Chan Zuckerberg Initiative）のプリシラ・チャン（フェイスブック創業者のザッカーバーグ夫人）が理事会長に就任しており、教育者と財界がタグを組むことで、拡大可能で良質なプログラムに投資をして広げていこうという姿勢が現れている。

ＳＰＳの成功は、タベナーら創業者の教育者としての経験に基づくビジョンや、ビジョンに共感して全国から集まったやる気のある教員の努力だけでは実現しなかった。ダイナミックな資金調達を行うことで、リサーチ結果に基づいた良質なプログラムを学内あるいは学外の様々な団体との協力体制のもとで継続的に開発する仕組みがあることも大きい。

公立は予算の課題も大きいため、ＳＰＳの運営には多くの財団が寄付をしている。ウィリアム・アンド・フローラ・ヒューレット財団（ヒューレットパッカードの創設者による財団）、ベゾス・フアミリー財団（ジェフ・ベゾスの財団）、ビル・アンド・メリンダ・ゲイツ財団、シュワブ財団など名だたる起業家の財団などで支えられている。

日本の公立校ではPBLを始めたくても材料費は教員の自腹になるという話を聞くことも多い。財団に限らず、企業、大学や地域コミュニティからの資金やリソースの調達も学校運営での重要事項と捉えることが、新しい学びを検討し、評価した上で取り入れていくためには必要である。今後、日本の公立校への新たなリソース提供の形が生まれることを期待したい。

第 5 章

日本で広がる全人教育 2.0

「思想さえしっかりしていれば
技術開発そのものはそう難しいものではない。
技術はあくまで末端のことであり、
思想こそが技術を生む母体だ」
本田宗一郎

ここまでは、なぜホール・チャイルド・アプローチがこれからの社会に求められているのか、米国のトップ私学や先端校が、どのように実践しているのか、そして、ホール・チャイルドを育むために欠かせない学内外との連携はどのような形で行われているのかを幅広く紹介した。

新しいエリートの育て方としてのホール・チャイルドを育む取り組みだが、その源流は、日本にもかつて全人教育などとして導入されてきた教育法であることも前述の通りである。国内でも、近年の欧米での新潮流を受けて、全人教育2・0ともいうべき新しい取り組みが少しずつ始まっている。本章では、日本の小中高や民間団体によるいくつかの実践例を紹介する。

身体から心と頭にアプローチする学び「追手門学院高等学校表現コミュニケーションコース」

第3章で、米国のトップ私学における人格教育としてのアートや舞台芸術教育の役割を紹介したが、日本では大阪の追手門学院高等学校が、2014年から演劇とダンスを週8時間授業単位に取り入れた「表現コミュニケーションコース（通称：表コミ）」をスタートしていることは注目に値する。ひと口にコミュニケーション能力といっても同校が目指しているのは、自己表現スキルの習得に留まらない。表現の学びを通して生徒が自分自身についての理解を深め、他者と信頼関係を築き、協働する喜びを味わうことで、他者に共感する力も深めていく、舞台芸術を通じたSEL（社会性と情動の教育）を学校教育の中で実現している好例である。

「演劇やダンスの身体ワークを通じて感覚を開いていくことで、生徒の気づく力も拡張している」と、同コースでダンスを教える福岡小百合は語る。

ダンスや演劇の稽古は非常にユニークな内容だ。演劇では戯曲などのテキストを使うことはほとんどない。表現することへの生徒の心理的負担を下げながら、生徒が表現へと自然体で向かっていく姿勢を育成することを狙い、身体を動かす充実感と他者とは違う自分自身を受け入れることを大切にしている。[*1] 1年生の時は自分の声を聴く力を育むことを主眼とし、自画像公演という生徒1人ひとりが自分をテーマにひとり芝居をつくり、演じることや、ソロダンスを発表することを目標としている。

2年生では協働する力を育むために、自分だけではなく他者の身体にも意識を広げる段階に入る。他者との違いを活かし合う方法を創作活動や、非言語のコミュニケーション、ダンス公演などを通して学ぶ。また、介護付き有料老人ホームでのコミュニティダンス実習では、入居者との触れ合いを通じて、相手からの視点や相手との関係性の中でどう動くべきかを学ぶのだそうだ。感覚をフルに使うことで言葉のコミュニケーションだけでは得られない他者との関係性の構築スキルを身につけていく。

3年生の卒業公演では、生徒は演劇とダンスのどちらかを専攻し、アーティストと作品を創る。

＊1　p6-7, OTEMON HYOCOMI 6周年記念誌

プロの助言やサポートを得ることで、より高い次元の表現力を身につけるだけでなく、観客や仲間の反応を察知しながら判断をし、行動する力を体得している。[*2] 卒業公演後は「アートによる社会包摂リサーチ実習」として、大阪市西成区の「釜ヶ崎」において元日雇い労働者とアートを媒介として交流する。実習を通して生徒たちは様々な状況を抱えた人々の存在を知り、自分がどのように社会に貢献していけるかを考えるようになる。

ある卒業生は、表現コミュニケーションコースでの学びについてこのように伝えている。

「表コミは個性を殺さずに、でも協調性は持つというバランスが取れる集団です。しかしそれはそこにいるだけでできるのではなく演劇や舞踊という芸術面から自ら学び、モノにするからそうなるんです」[*3]

まさにこの生徒が、主体的・対話的で深い学びを実践していたことをうかがわせる素敵な言葉ではないだろうか。

体験学習を通じた人格育成と信頼関係の醸成「プロジェクトアドベンチャージャパン」

プロジェクト・アドベンチャー（Project Adventure、以下ＰＡ）は、冒険的な体験学習を通じて、

＊2　p10-11, OTEMON HYOCOMI 6 周年記念誌
＊3　p25, OTEMON HYOCOMI 6 周年記念誌

SELの学びを実践できるプログラムである。体験できる「アドベンチャー」は、アウトドアのチャレンジコースから、教室で行うゲームまで多岐にわたる。

母体は、アウトワード・バウンドという自然の中でのチャレンジを通じた人格形成を行うプログラムの要素を教育環境に持ち込みたいと願った教育者たちにより、１９７１年に米国マサチューセッツ州ハミルトンで設立されたNPOである。

活動の場は現在34カ国に広がっており、米国では毎年３０００名以上の指導者向けトレーニングを実施しているという。[*4] 日本では、プロジェクトアドベンチャージャパン（ＰＡＪ）が１９９５年からライセンス契約をもとに、ＰＡのプログラムを学校や企業などと共同で実施している。

ＰＡでは次の４つの基本理念をもとに、参加者の社会性や心の知能指数（ＥＱ）を育むSELプログラムを提供している。[*5]

1　コルブの経験学習モデルを土台とした学びのサイクルを採用する

2　フル・バリュー・コントラクトという個人とグループの目標を達成するための行動指針を作成する。直接体験を通して各個人が認められると感じられるグループの約束を設定し、その実現に向けて対話を繰り返すことで、参加者のコミットメントが促進され、普段の枠から飛び出して成長に向かう機会を生み出す。

3　チャレンジ・バイ・チョイスは安心安全でサポートされる環境を育む。自らが成長するために参加

＊4　http://www.pa.org/about.html
＊5　http://www.pa.org/SEL.html

の仕方や挑戦のレベルを確認し選択する。個人にはその選択を伴う体験に意味を見出すことが促され、グループは個人の意思決定から発生する責任を受け止める。

4 アドベンチャー活動により、参加者が普段のコンフォートゾーン（居心地の良い領域）から出る機会を設けることで、参加者が自らの気持ちに気づき、コントロールする体験をし、コミュニケーションや協働、目標設定、レジリエンス、意思決定などの社会性と情動のスキルを体験する。

ＰＡＪの活動は、学校にＰＡのプログラムを提供するだけにとどまらず、教員向け研修も実施している。ＰＡファシリテーターを養成する5日間の講習会に加え、教員のあり方やクラス、組織運営についてＰＡのアクティビティから学ぶ様々な研修も実施している。

各種の研修は、校内研修や教育委員会主導の研修に多い座学型ではなく、教員自ら心身頭をフル稼働させて学ぶスタイルである。アドベンチャー活動やアクティビティを通じて教員自らが新たなチャレンジに取り組む中で、仲間と信頼関係を結んでいく。各教員は研修での活動を振り返り、自らの学びとすることで、学校現場において子どもたちが信頼関係を構築し、チャレンジすることを奨励するスキルを身につけていく。

アクティビティに注目されがちだが、アドベンチャーを通した学びの本質は、「未知に飛び込むことによる学び」である。すなわちそれは、不確定な状況下で自分の知られざる一面に気づいたり、これまで未知だった状況に自分なりの意味や解釈を見出したりすることにほかならない。

加えて、そうした過程で体験を共にするメンバーと相互理解や信頼関係を深めたり、そのプロセスから気づきを得たりすることも学びとなる。多くの教員にとって、新たな学びを実践すること自体が「アドベンチャー」であるが、ＰＡからは、そこで感じる不安や想定通りにものごとがうまく運ばないプロセスにこそ学びがあるというメッセージが届けられている。

研修に参加した教員との事後のやり取りでは、多くの場合、初期段階において「アクティビティの実践やアクティビティの指導法への相談」を受けることが多いという。次第にその焦点は「学校行事やクラス運営への、ＰＡの考え方やアドベンチャー教育の構造の応用」へと移行し、「その中で感じる自己のあり方や教員間の協働性」へと進む。このような点からも、プロジェクト・アドベンチャーの取り組みは、対人的・身体的な活動を通してＳＥＬを高める実践的手法であると同時に、指導者自身がその実践を通して自らを省みることのできる考え方と言える。

学校、保護者、地域が子どもと共に学びをつくる日本初のイエナプランスクール「大日向小学校」

「イエナプラン」とは、１９２３年にドイツのイエナ大学の教育学者、ペーター・ペーターゼンが同大学の実験校で始めた教育から始まった。その後１９６０年代に、民主主義を守る意識の強いオランダでイエナプラン校が設立されるようになった。発祥の地ドイツよりもオランダで急速に普及し、現在オランダの公立・私立校の220校以上がイエナプランを取り入れた学校となっている。[*6]

イエナプランの学校は、理想の人や社会をつくるための学校のあり方を伝える20の原則を礎に、運営されている。そこで謳われるのは、「自分で考え、共感力を持ち、社会に働きかけ、協働できる市民」となる人材の育成であり、本書で提案するクリエイティブ・リーダーの資質とも重なる。従来の日本の教育とはかなり異なった学校運営や教授法に基づくオルタナティブ教育として認知が広がってきたイエナプランだが、法律に定める一条校として、大日向小学校は日本で初めて本格的に取り入れ長野県の佐久穂町に2019年4月に開校した。

大日向小学校の創設メンバーの1人である中川綾は設立準備時に次のように語っている。

「大きなコンセプトをもとに佐久穂町には佐久穂町で得られる学びがあると思います。（中略）大きなコンセプトはあるけれど、日本の形に合ったイエナプラン教育というのをきちんと見出していくことが私たちの最初の役割だと思っています」[*7]

中川の言葉からは、地域に合った学びを保護者や地域といったステークホルダーと共に考えながら学校を育てようとする姿勢が大いにうかがえる。「How（どのように）」から始まるのではなく、学校の存在意義である「Why（なぜ）」を大切にしている大日向小学校では、学習者中心の学びをイエナプランの原則から実現しようとしている。

＊6　日本イエナプラン教育協会 http://www.japanjenaplan.org/
＊7　しなのイエナプランスクール・大日向小学校紹介動画 https://www.youtube.com/watch?v=QsfHql9qbBI

同校では、対話、遊び、学習、そして催しの4つの学びのサイクルの中で児童が日々学んでいる。学習には自立学習と協働学習の2つのタイプがある。自らの学習計画を元に取り組む「ブロックアワー」という自立学習では、週のはじめに児童がその週の学習計画を立てて取り組んでいる。

協働の機会としては、「ワールドオリエンテーション」という学校で定めたテーマを児童の問いから深く学ぶ教科横断的な協働学習も組み込まれている。ワールドオリエンテーションは、イエナプランの「ハート」と言われる学習活動で、地域の人々と共に学ぶ活動も行われている。このような学びの場では、教員は「教科書の知識を一斉に教える人」から「子どもの自立した学びを支えるファシリテーター」へと変容しなくてはならない。

大日向小学校では、保護者や地域との目線を合わせた関係性の構築にも力を入れる。例えば入学を検討する保護者との対話の時間も十分に持つことを大切にし、入学に関する案内でも「入学を検討のみなさまとは、お互いにお互いを知ることができるよう、十分な対話の時間を取りたいと願っています」と学校ウェブサイトに紹介されている。

大日向小学校のランチルームは、保護者や地域の人々が訪ねることができる。オープンな学校にすることで、地域住民が関わりやすくなることを目指しているという。

地域では、コミュニティの中心としての学校の存在は大きい。幸い、佐久穂町で廃校となってしまった佐久東小学校が大日向小学校として蘇ることを喜ぶ人もいるという。校外学習では、子どもたちは文字情報だけでなく、五感と身体感覚を総動員した本物の学びに触れる。

「子どもたちも大人たちも学び合い、共に作っていく」関係性を構築するのは容易ではないが、同校は学校運営全体で、関係性を高める努力を惜しむことなく、数百年後も継続している学校づくりを目指す。

今後イエナプランを取り入れる小学校が増えていくことで、学校教育制度における新たな選択肢や可能性が認知され、公教育にも波及効果が生まれることを期待したいところだ。

心理的安全性が担保された環境が生徒の思考力や行動力を育む「かえつ有明中・高等学校サイエンス科、プロジェクト科」

かえつ有明中・高等学校は、4・5人に1人の生徒が帰国子女という、生徒の多様性にあふれた学校である。同校では思春期という大切な時期にある生徒たちが心の奥にある想いや率直な気持ちを言葉にし、それらを互いに受け止め合いながら、安心安全で深く学べる場を実現しようとしている。中学ではサイエンス科、高校ではプロジェクト科という独自のカリキュラムを開発し、生徒が「自分軸を確立」し、「共に生きる」ための感性を養い、自身の力で知識や高次の思考スキルを習得する上で「学び方を学ぶ」ことを目標とする。

自分軸を確立するには、クラスメイトや教員を信頼する中で、自分の考えを安心して表明できる環境が大切である。そこで、サイエンス科では、対話や議論の時間を多く設けながら、生徒たちがディスカッションを通じて多様性を認め合い、参加者全員が参加しやすい環境を整えている。特徴的な議論のひとつとして「スパイダーウェブディスカッション」という手法を取り入れている。これは議論のプロセスを蜘蛛の巣状に描くことで可視化し、ルーブリックに記した評価基準を活用して議論のプロセスを振り返りながら、対話を重ねるものだ。こうした手法も活用することで、深く対話する力を磨いているという。

深い対話につながる評価基準の例として、次のようなものがあるそうだ。

・全員が平等にテーマを意識して参加した。
・一度に話す人は1人で、良いペースで活発な話し合いだった。
・チーム内で出てきた疑問や質問を、みんなで解決するための努力ができた。
・小さな呟きも無視されず、おとなしい人にも発言しやすい雰囲気や声がけができた。
・誰かが話しているときは、話し手が不快になる態度や行動を取ることなく、一生懸命に理解しようとする努力ができた。

この基準は生徒の意見を受け入れながら毎回、ルーブリックに更新されていく。次頁の図表18

のようなシートに蜘蛛の巣状の記録を取るエキスパートと呼ばれる役割を置き、エキスパート役は議論の輪から外れ、議論終了後の振り返りの際、外から見ていた議論の様子を記録したシートを使ってフィードバックする。

それによって振り返りがより客観的なものとなる。さらに、エキスパート役を体験した生徒ほど、ディスカッションへの姿勢が大きく変わると言う。エキスパートの経験からディスカッションを活性化させる問いかけ方や意見が出しやすくなる聴き方、意見を出せていないメンバーの心の動きが以前より顕著にわかるようになるらしく、全員がエキスパートを経験した後のディスカッションは、驚くほど深い対話がなされるようになるとのことだ。

こうした学び方のプロセスを身体感覚により習得することで、社会の最前線でも困難と言われている協働して問題を解決するための「あり方」と「スキル」を身につけているのである。

高校のプロジェクト科では、生徒1人ひとりが自らの興味

図表18 スパイダーウェブディスカッションのシート。議論のプロセスが蜘蛛の巣状に描かれ、参加者の議論への関わり方やコメントを可視化する

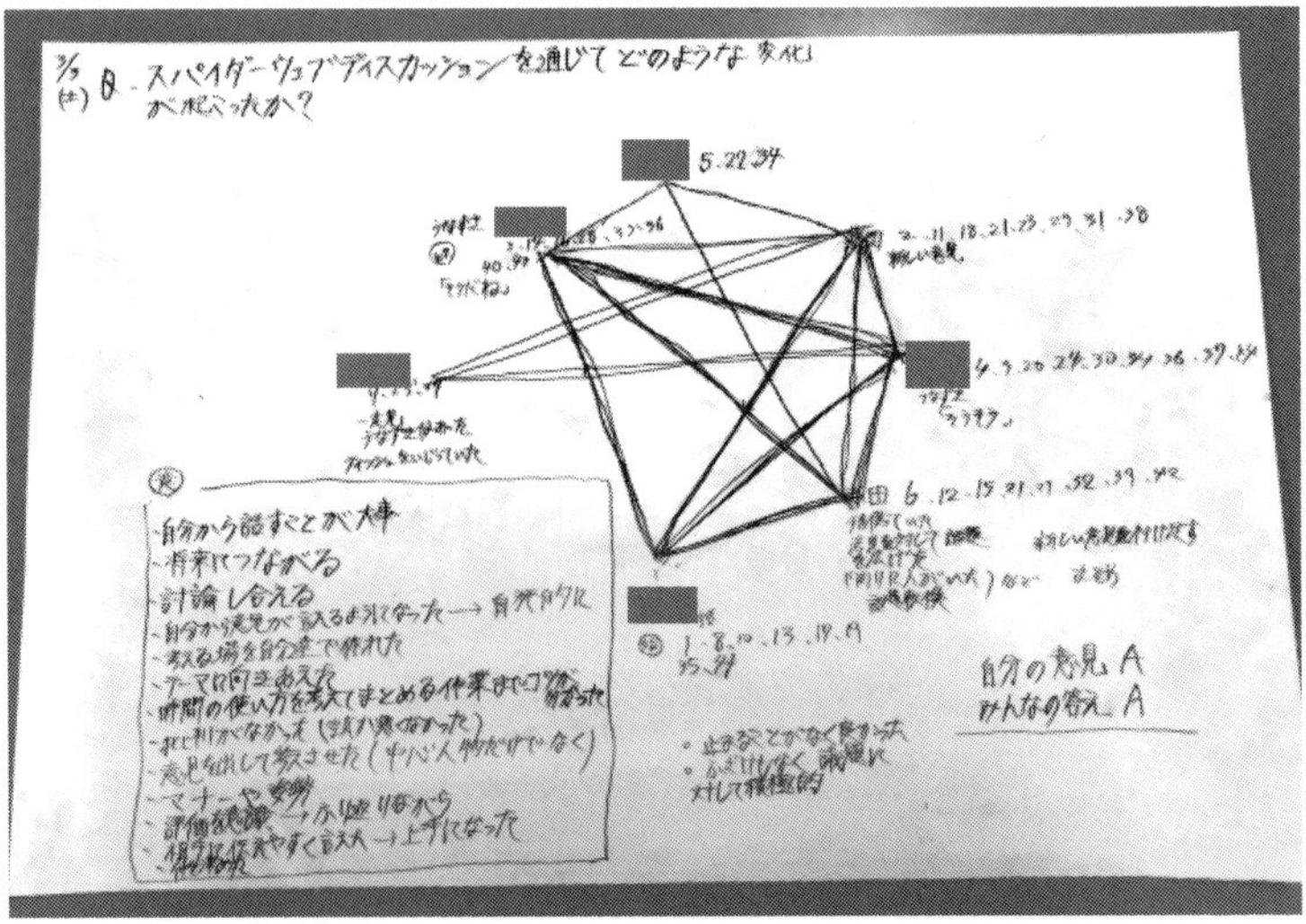

関心を中心とした探究的な学びを展開させている。その際もいきなりテーマを選ぶのではなく、本人もまだ意識化、言語化できていない自身の中にある大切な想いを、「価値観ワーク」や「多様な生き方をしている人々との出会い」「自身の感情と向き合う」といったプロセスを通じて、少しずつ明らかにしていく。一方で自身の言語化しづらい想いを言葉に出しやすくするため、生徒同士が互いの言葉をそのまま受け止め合う「共感的コミュニケーション」の実践を通じて、互いの関係性の質の向上も図っている。

こうしてかえつ有明では、自分の軸を明確にすること、多様な人との対話を深めることを目的に、通常では大学や社会で学ぶような様々な思考法や対話のツールを体験しているのだ。自分の想いを明確にしたり、協働的な関係性の構築にも慣れることで、将来、1人ひとりが自分の理想に向かって歩む段階になったときに、必要な場のデザイン力も身についていることが狙いである。

大人も顔負けの様々な思考ツールを使いこなせるようになるのは、プロジェクト科の魅力の1つである。生徒が取り組むプロジェクトは行動力にあふれている。

例えば、SDGsのカードゲームを自作し、中高生に広めようとした生徒たちは、自ら他校の教員や生徒に連絡を取って招待し、カードゲームの学びを深めるために習得したグラフィックレコーディングを駆使して何度となくワークショップを開催した。

自らクラウドファンディングを実施して旅費を捻出し、水没する運命にある南国の島ツバルを訪れた生徒たちもいた。彼らはツバルのもうひとつの課題であるゴミ問題をテーマにしたワークショップを小学校を借りて実施し、1カ月の間、小学生たちとの交流を重ねた。その取り組みが話題となり、ツバルの首相から官邸に招かれて、対談することにもなった。帰国後は、現地での体験と窮状を伝える活動を行っている。

このほか、戦時下で学校が軍事利用されている国もあること、またそれを打破するための「学校保護宣言」に日本政府が批准していないことを憂いた生徒たちは、全国の中・高校生に呼びかけて署名活動を展開させた。世界の子どもの安全と学びを守るために同世代である自分たちが動き、変えていくという気概は大きな反響を呼んだ。ハート形の署名一枚一枚をウロコに見立て巨大な鯉のぼりをつくり、外務省、防衛省へと届けたという。

ニュースにも取り上げられたこの活動は、国会議員の中でも話題となった。生徒たちはその後、国会議員の勉強会にも招かれて自分たちの声と思いを政治家にぶつけた。学校の枠組みを超えた活動を実施する生徒が多数いることがプロジェクト科の大きな特徴でもあるようだ。

デザイン思考でイノベーターを育成する「青翔開智中学校・高等学校」

鳥取県鳥取市の青翔開智中学校・高等学校は、学習発表会に全国から教育関係者が詰めかける、探究学習の先端校である。同校は「情熱と好奇心をもって物事を探究し、自律と協調の両立をはかり、共に成長し、たゆまぬ挑戦と努力の継続でさらなる飛躍を目指す事ができる有為な人材の育成を目指す」という建学の精神のもと、２０１４年に開校した新しい学校で、中高６年間の探究学習を開校時から取り入れている。

開校準備の責任者でもあった校長の織田澤博樹は、もともと日立製作所など民間企業での経験も豊富なこともあり、学校の特徴や強みを育むために必要な学外連携を積極的に行う革新的な教育を実践している。

同校は探究的教育を通じて、生徒が自ら課題解決に向かう力を育み、他者と協働しながら、自らが選ぶ進路を切り開く生徒を育てるために「探究・共成・飛躍」を3つの教育方針に掲げている。デザイン思考を取り入れた、6カ年の探究基礎のカリキュラムは、鳥取市や鳥取県内の経営者に生徒が考えた提案をプレゼンテーションするクリエイティブフェーズから、ＳＤＧｓに目を向けて世界や地域の課題を解決するアカデミックフェーズ、そして自らが選択したテーマを探究するパーソナルフェーズの3段階でデザインされている。

ここでの取り組みは、成長段階に応じて身近なテーマから始め、徐々に社会、そして大学進学前には個人の情熱に近い分野にフォーカスし、キャリア教育や進路設計にも役立つ流れとなっている。高校2年時に取り組む探究基礎修了論文は、米国の学校でのキャップストーン・プロジェクトに近い取り組みであるが、生徒が選んだテーマを教員全員でサポートするというユニークな体制がとられている。

デザイン思考を活用して実施したプロジェクトの提案は、カフェの出店や、地元特産品メーカーへの商品企画、店舗の運営改善、鳥取市や鳥取県への提案など様々である。週2～3時間、6年間での探究学習を積み重ねることによる子どもたちの成長は大きい。高校生にもなると学校の枠から飛び出し、自主的に課外活動やボランティアに取り組む生徒も多くなる。その活動内容は、「地元ラジオ局でのパーソナリティ」「統廃

図表19　青翔開智における探究基礎の流れ

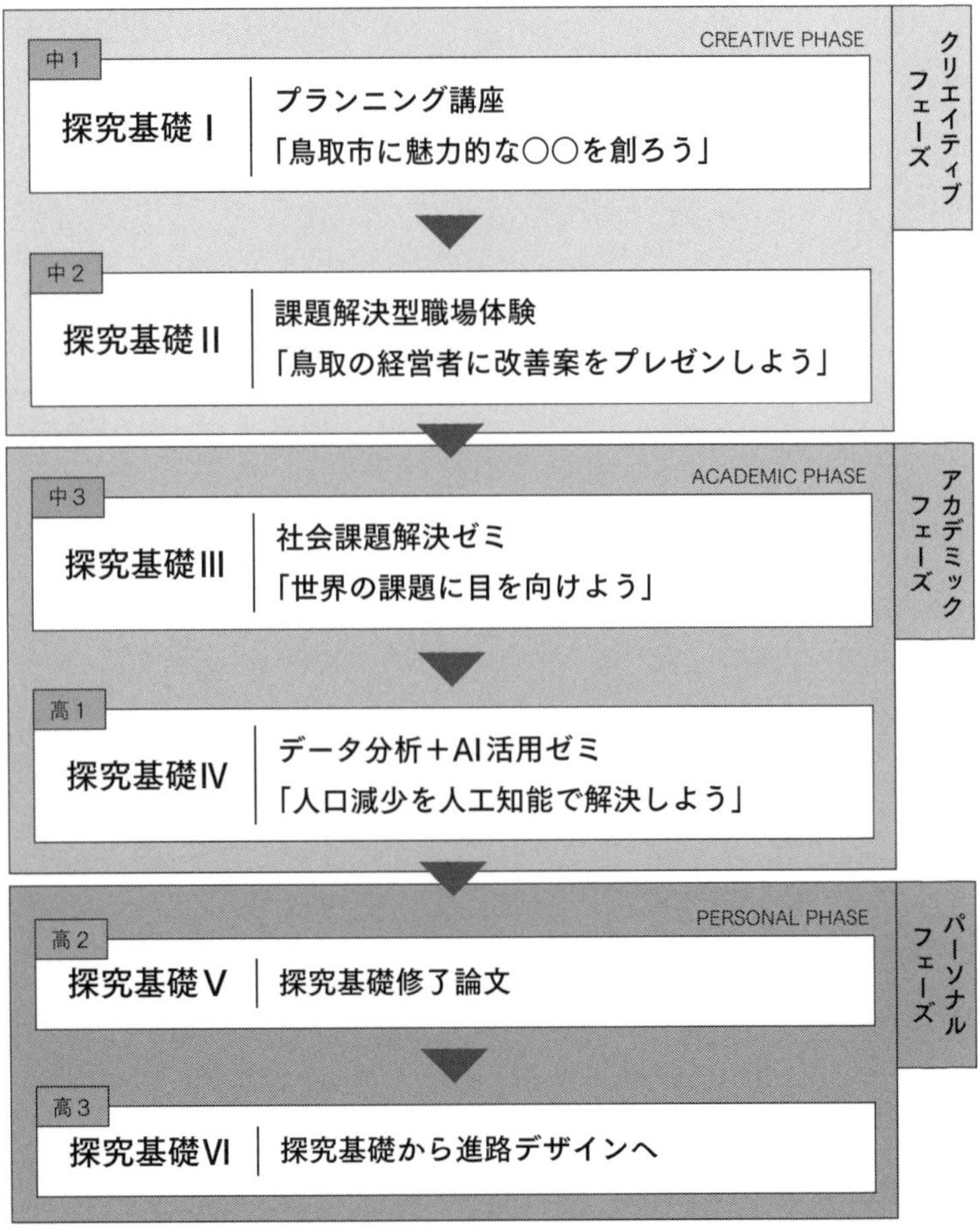

出典：青翔開智中学校・高等学校公式サイト

合で廃校になった学校の利活用計画」「小学生向け英語塾の開催」など、幅広いものとなっている。

青翔開智では、開校時から探究学習に取り組んでいる。全教員が探究型の授業を導入するだけでなく、専任チームや外部リソースも利用することで、社会の大人たちからフィードバックを得られる真正な深い学びの時間を継続的に持ち続けることができるのだということを示してくれる、素晴らしい実践例と言えるだろう。

最先端の研究設備や産学連携により研究者を育てる「広尾学園中学校・高等学校医進・サイエンスコース」

都内の人気進学校のひとつである広尾学園中学校・高等学校は、研究者の卵を生み出す医進・サイエンスコース（通称医サイ）を開設している。医サイは本科、インターナショナルコースに続き２０１１年に高校課程でスタートし、２０１５年から中学課程にも新設された比較的新しいコースである。

希望する生徒は入試の段階で、同コースを選択して受験する。エンジニアや研究者など、科学技術分野でのプロを目指す生徒が、中高の６年間を通して高いレベルの研究活動に没頭できる環境が提供されている。設立前はガスバーナーに古びた顕微鏡からのスタートだったそうだが、現在は1学年40名〜80名程度の生徒に、化学、生物、物理の3つのサイエンスラボを活用して研究に取り組む環境が整備されている。

中学では「理数探究」の科目で研究活動が始まる。多くの生徒が放課後もラボで研究活動に主体的に取り組んでおり、その分野は幹細胞、植物、数論、環境化学、現象数理などの専門分野に分かれている。生徒は自ら興味のある分野を選択し、研究に取り組む。

例えば、幹細胞研究チームでは、iPS細胞とプラナリアの研究チームに分かれ、プラナリア研究チームでは再生のメカニズムに関わる細胞接着因子に関する研究などを実施しているという。言葉だけで表現すると中学生の活動とは思えないレベルである。数論研究チームでは、「あみだくじに必勝法は存在するのか」というテーマに取り組んだ生徒もいる。*8

医サイの立ち上げから関わる統括長の木村健太はこう語る。「生徒たちは研究活動で、まだ世界の誰もわからないテーマに取り組んでいますので、私たち教員もその答えを知りません。私たち教員は教えるというよりも、生徒と共に考えるスタンスで、必要となる知識を生徒が自分で身につけるための調べ方や考え方、何よりもその楽しさを必死で伝えてきました」

医サイの数学教員である堀内陽介は、2019年のラーン・バイ・クリエイション*9（Learn by Creation）で、生徒主体の研究活動がどのように生徒の成長に寄与したかを次のように語っている。

「中学時に、僕の授業では寝ていることも多かった生徒が、高校で医サイの僕の研究チームに一

*8 https://resemom.jp/article/2015/07/29/26017.html

*9 筆者が代表理事を務める一般社団法人 Learn by Creation が主催したイベント。2019年は広尾学園で開催。
https://www.youtube.com/watch?v=JzB6kxj6row

期生として来ることになりました。正直言って最初は心配でしたが、研究活動を始めたら、ものすごく楽しそうな顔をするようになって、僕の大学時代のテキストを一緒に読むようになりました。自ら学び考えることで、抽象的な代数にどんどんのめり込んでいったのです。そこでさらに生徒が考える時間を増やしたところ、ますます楽しそうな表情になりました。寝る間も惜しんで深く没頭しているという具合です。彼は、最終的には、日本数学学会に高校生として初登壇することにもなりました。一時期は成績が心配だった生徒ですが、大学に行ってやりたいこともできたので、一念発起し、国立大学への進学も果たしました」

同校の研究活動では、大学レベルのテキストや国内外の論文も活用する。高校の範囲に閉じることなく探究できる環境があることで、生徒たちは自然に主体的で深く学びにのめり込んでいく。教員が学びに天井を設けないことで主体性がむくむくと芽生えた好例である。

今では医サイの生徒は、数学にとどまらず、日本植物生理学会、日本物理学会、日本化学会といった学会にも参加している。高校レベルにとどまらない研究環境を支援するため、産学連携を通じて、大学や企業、研究機関との交流も多い。

連携は国内にとどまらず、世界の研究者と学び合う未来に備え、スタンフォード大学やUC（カリフォルニア大学）デービス校といった大学とも定期的な交流を行っている。生徒と共に考え、生徒たちの関心領域を深掘りする研究活動を支援することで、生徒たちが自らの探究心の火を燃やし続けている。このような生徒との伴走の仕方や学びの環境構築は、理系分野にかかわらず参考となる実践だろう。

通信制の強みと運営母体の強みを生かしたプロジェクト型学習を提供する「N高等学校」

2016年に始まった広域通信制高校、N高等学校（N高）は、4年で1万4000名もの生徒を抱える通信制の高校である。2019年からはプログレッシブスクールとして中等部も運営している。運営母体がメディア企業のKADOKAWAとIT企業のドワンゴにより設立された学校法人角川ドワンゴ学園という背景もあり、設立当初からスマートフォンで授業が受けられる動画授業や、ドワンゴで活躍するプログラマーによるプログラミング授業、スラック（Slack）というコミュニケーションツールを使った先生と生徒のコラボレーション、ネット部活、ニコニコ超会議に文化祭として参加など、革新的な取り組みが注目されている。

N高にはオンラインですべてを行うネットコースと、通学コースが用意されているが、通学コースでは、プロジェクトNというオリジナルのプロジェクト型学習（PBL）を実施している。全日制の高校では時間割がフルに詰まっている状況で、PBLを実施できる時間は週に1〜2時間という場合も多いが、N高では、1〜2カ月のプロジェクトにほぼ毎日100分取り組むことができる。さらにＩＴに強い学校らしく、プレゼンテーションに留まらず、多くのプロジェクトでアドビ（Adobe）などのソフトウェアを活用してグラフィックや映像の作成も行なっている。全日制の高校が合わないことで自信をなくしている高校生たちも通う同校の生徒にとって、ＰＢＬを通じて興味関心の幅が広がり自信を取り戻し、得意や関心のあることを見つけるきっかけになれば大きな人生の転換点をつかむチャンスとなる。

多くのプロジェクトは外部のコラボ企業と共同した取り組みとなり、「省庁ドラマ教材制作（複数の省庁・日本テレビ放送網）」、「ヘルスケアゲームを作る（ジョンソン・エンド・ジョンソン日本法人グループなど）」「リアル脱出ゲーム制作（株式会社ＳＣＲＡＰ）」など実社会に直結する内容となっている。プロジェクトで学んだＩＴスキルを活用して動画制作の仕事に就いた学生もいるそうだ。

外部の企業というと相手は社会で活躍するプロである。プロからフィードバックを得る機会を年間通じて何度も経験することで、実社会に貢献できる力がどの程度あるのかを客観的に知ることとは認知能力だけでなく非認知能力の成長につながっている。加えて、多様な関心を持つ生徒たちが得意分野を磨きながら協働することで、より大きな目標を達成する手応えを得るかけがえのない機会ともなる。

卒業生の１人である植木萌々香は、社会で活躍するプロからのフィードバックが与えた影響をこのように語っている。

「自分のプロジェクトを可視化する手段としてデザインソフトを活用し始め、チーム内での自分の役割を持てるようになりました。できあがった作品を実際に社会に貢献する企業で働く現場の方に見てもらうことで、現実的な意見をいただき、自分のポートフォリオに自信を持って載せることができました。その後、インターンの面接もポートフォリオを見ていただき、本格的に取り組んでいると好評を得て、実際の現場で働くことにもつながりました」

ＰＢＬを通じた社会人との接点は、卒業後の進路設計にも大きな影響を与えている。プロジェクトＮで触れた社会人に影響を受け、卒業後の進路を決めた卒業生の安藤唯人はこのように語っている。

「プロジェクトＮの経験が最も影響しているのは、ソーシャルデザインへの関心です。プロジェクトＮで刺激を受けた社会人の方々の活動や講義には、遊びから教育まで、社会をより良いものにしたいという共通の考えがあると思っています。現在私は、在学している文化デザイン学科で広い意味でのデザインを勉強しています。ソーシャルデザインを中心に勉強して、自分の力で少しでも日本の社会をより良いものに変えていけたらと思っています」

通学形態にバラエティがある学校でのＰＢＬには、全日制以上に、プロジェクト管理能力が求められる。多様な働き方が叫ばれる現代社会において、多様な通学形態の子どもたちが協働するＰＢＬの経験は、これからの仕事で様々なワークスタイル、ライフスタイルを先取りする経験になるだろう。

第 6 章

日本の教育を改新するには何が必要か?

「良いアイデアと真のイノベーションのためには、
コミュニケーション、対立、議論、討論が必要なのです」
マーガレット・フェファーナン

コロナが加速する教育の機会拡大と格差

新型コロナウィルス対策として必須であるソーシャルディスタンスは、今までなかなか進んでいなかったデジタル・トランスフォーメーション（DX）をあらゆる産業で推進する起爆剤となった。遠隔医療、電子決済、小売、リモートワーク、オンライン学習など社会生活のあらゆる場面で、リアルや対面の活動の意義が見直され始めている。

オフィスの意義なども見直され、実際にオフィススペースを解約して完全にリモート経営を始めた会社や、リモートワークとのハイブリッドに移行したために家賃が割安な地域に引っ越す人も出てきた。オンラインでこなせる仕事が多いことがわかった今、感染のリスクを取って満員電車で都心にまで毎日働きに出たいと思う人は減少していく。優秀な社員を維持したい会社は、オフィス通勤が絶対ではなく、オンラインでの仕事を基本として、必要な活動はリアルで補うという考え方にシフトしていくだろう。

オンラインでの協働作業を容易にするテクノロジーも急ピッチで進化していくので、これまで集まった方が良いと思われていたことも、随時、オンラインで実現する機会も増えていく。全世界で今後急増するオンラインを活用した情報収集、協働やビジネス取引は世界のフラット化をさらに加速する。

すなわち、オンラインを活動の主軸とする人が増えれば増えるほど、より多くの活動がオンラインで行われ、世界のあらゆるコンテンツ、知恵や才能にアクセスしやすくなる。実際に世界中でロックダウン（都市封鎖）により多くのカンファレンスや研修がオンライン開催となった。従来は飛行機に乗って1週間かけて参加していたイベントに、いつでも参加できるようになったのだ。物理的な距離の制約が取り払われることで、より良いものには人気が集中し、近接性だけが売りになっているものの価値は下がる。この流れはコンテンツにも人材にも当てはまる。子どもたちが大人になる頃には、世界中の人たちと仕事をしたり世界中から学ぶことは当たり前になっていくだろう。

5年後、10年後、社会に出ていく子どもたちは、国境を超えてクリエイティブ・リーダーシップを発揮することがさらに求められる。逆に言えば、今、クリエイティブ・リーダーシップを育む学びの環境にアクセスできていないことは、新たな格差の温床となる。そのことが子どもたちの人生の幸せを左右しかねないのである。

未来につながる機会の平等を実現するには、同じタイミングに同じ内容を教室で教えることではなく、子ども1人ひとりの関心や学力、特性に合った学びの環境を提供するホール・チャイルド・アプローチが欠かせない。創造社会への移行で明らかになっていた流れが、新型コロナの出現によってさらに鮮明となったのである。

本書で詳述してきた通り、米国では2000年代から主体的に価値創造に取り組むクリエイテイブ・リーダーを育む機運がトップ校や先端校を中心に広がってきた。NCLB（「誰も取り残さない」法）におけるテスト中心主義の弊害が露呈し、大学入試の過熱やソーシャルメディアの蔓延が子どもたちの心の健康に大きな影響を与えている。その一方で、ホール・チャイルドを育む視点に立ち返ることで、子ども1人ひとりの可能性が開花する学びの形が試行錯誤され、様々な研究で実証されていくのが米国のダイナミックで良いところでもある。

健やかな心身を抜きにして、高い思考力を持ち、リスクを恐れずに新たなチャレンジに取り組むクリエイティブ・リーダーを育てることは困難である。その事実を熟知する米国のトップ校や先端校は、クリエイティブ・リーダーシップを発揮する人材育成をホール・チャイルドの育成という観点で取り組んでいるのである。

日本が改めてこの周回遅れの状況からリープフロッグ（カエル飛びのような飛躍）するためには、多くの子どもたちをホール・チャイルドとして心身頭を健やかに育む学びの環境を早急に整備する必要がある。

本来、日本の伝統文化は武道や茶道も含め、心身頭のつながりを大切にしてきた。しかしながら、近代教育の過度な分業による教科教育で、学びへの目的を失っている子どもは多い。子どもを工業製品的に取り扱うのではなく、ホール・チャイルドの視点に立って、心身頭がつながった有機的な存在として認識し、主体的・対話的に深く学ぶことができる人格やスキルを育む教育環境を再構築しなくてはいけない。そのためには、教育のあり方（教育観）や教育目標の見直しが最重要課題となる。

カリキュラムありきで子どもたちにその内容を一方通行で教えていくスタイルを捨て、学習者1人ひとりが関心を持って取り組める学内外の深い学びに生徒がアクセスすることを教員や学校がどう支援できるのか、という視点への転換が求められる。

とはいえこれまでに時間をかけて完成した現在の教育観から脱却するのは容易ではない。教育は保護者、地域、教員、学校管理職、教育委員会、行政、文部科学省、教育産業などが複雑に絡み合ったシステムである。システムに関わる人たちの中で合意形成をしながら可能なところから改革を始め、振り返りながら忍耐強く徐々に前に進めていかなくてはならない。

そこで大切になってくるのが大小様々な単位での子どもを支えるコミュニティの存在である。全国の市区町村、学区、学校、地域コミュニティ、学童施設、家庭など子どもの成長や学びを支える単位で、これからの社会のあり方についてのイメージの解像度をより具体的なものへと高め、育てたい子ども像への合意形成を行うことが日本の教育改新の一歩となる。目的の合意なしには、目先の手段の話に終始してちぐはぐな改革となってしまうので注意が必要だ。

国として目指すべき目標は新学習指導要領という形ですでに発信されている。しかしビジョンが大きく曖昧なままでは実践に反映されにくい、日々の教育実践へと至る間に様々な理解の齟齬や誤解が生じる、今までの慣習へのこだわりや新しいことへのリスクが取りにくい、といった理由から大きな狙いもしぼみがちだ。トップダウンでの発信を「自分ごと」として捉えることが難しいのはどの組織も同じである。学びを支える単位で合意形成を経る中で、新たな教育観やビジョンと個人の目標をつなげることがなければ絵に描いた餅で終わるだろう。

これから必要なのは、学習指導要領を前提とした上で、各コミュニティ（学校も含む）として目指したいミッション、ビジョン、育てたい子ども像へのボトムアップでの合意形成に取り組むことである。その上で、目指す世界観と一貫性のある取り組みをコミュニティで計画し、時間をかけて徐々に実行していくことが大切だ。

元千代田区立麹町中学校校長（現・横浜創英中学・高等学校校長）の工藤勇一は、長年の教育現場や教育委員会での経験をもとに、子どもの卒業時のイメージについての一貫したメッセージの発信、誰もが納得できるコミュニケーション、ステークホルダーを巻き込んだ対話や合意形成を丁寧に積み重ねることで、同校において数百の改革を実行した。日本中の保護者や教育者が工藤先生の改革から学ぼうという機運があるのは良い流れである。

とはいえ、どの学校にもスター校長がいるわけではなく、これからの教育についての対話をリードしたい人たちが必ずしも学内にいるとは限らない。終章となる本章では学校に限らずどのような組織単位でもホール・チャイルド・アプローチを実践していくために活用できる学びの改新プロセスをできる範囲で提案してみたい。

デザイン思考プロセスを活用して改新の一歩につなげる

第3章で紹介したデザイン思考は、人間を中心としたデザイン、すなわち学習者を中心とした学びのデザインがどうあるべきかを考えるプロセスに活用が可能である。220ページの図表20に全体のプロセスを図式化してみた。コミュニティの最小単位は家族であるが、教育の改新は家族、地域コミュニティ、学校、学区のどの単位でも始めることができるのが良いところである。学校や学区により特化した方法論については、後半のコラムで補足していく。

ステップ1――共感と理解の醸成

◆子どもの立場を理解する

大きな方向性は変えず、少しずつ改善する場合、コミュニティ全体の合意を得ずに進められることもたくさんある（例：新しい計算ドリルに切り替える、英語の発音メソッドを変えてみる）。一方で、来るべき創造社会に備えてこれからの学びのあり方を方針から実践まで一貫した形で変えていくには、ステークホルダーの合意形成なしには難しい。合意形成の第一歩としては、学びの当事者である子どもたちが今、置かれている現状への共感を培い、課題を客観的に理解する必要がある。

共感と理解を促すために取り組みやすい手法を3つ紹介したい。1つ目はシャドーイング（生

図表20　日本の教育改新ステップ――コミュニティによる協働から新たな学びの文化の醸成へ

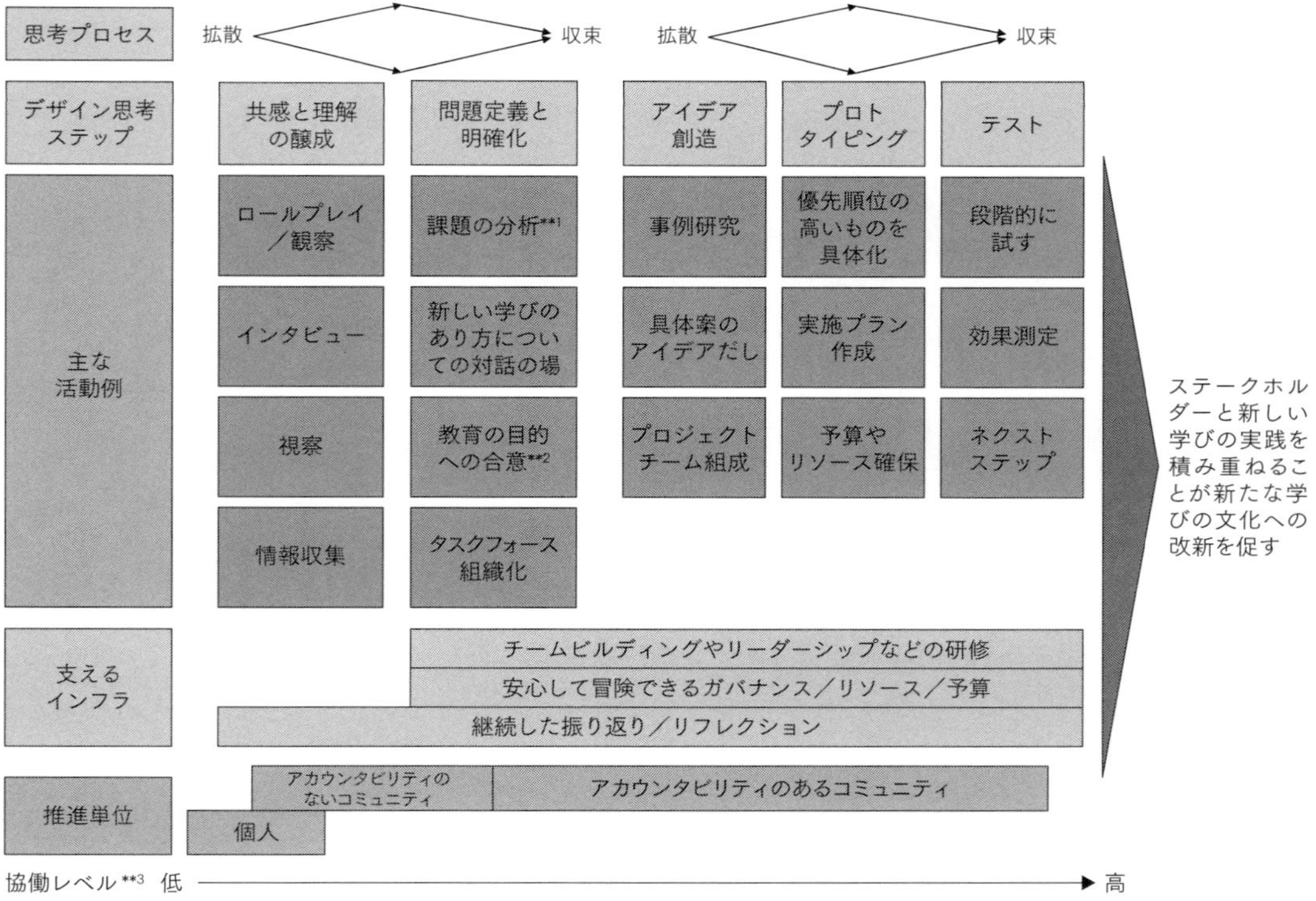

（筆者作成）

※※1　コンパッショネート・システム思考、U理論などを使い共感しながら課題を深く理解することがのぞましい
※※2　教育目標、戦略計画、学習者プロフィール など
※※3　参加者同士の相互承認、信頼関係、参加者の主体性、創造性、コミットメント

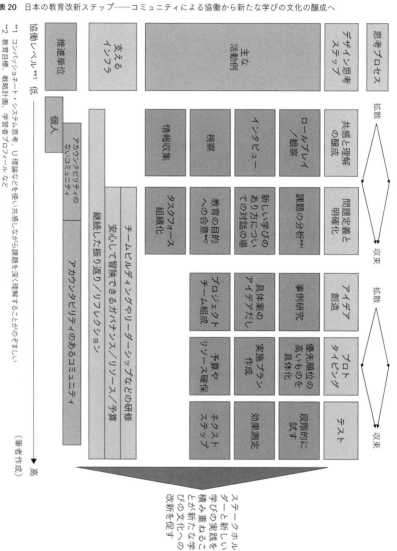

徒の生活を一日観察する）、２つ目は生徒が先生になりきって授業をしてみる方法、そして３つ目はワークショップやロールプレイングといった研修である。生徒にインタビューを実施したり、生徒のグループでの話し合いを観察する方法もあるが、日常的に生徒が発言やディスカッションをすることに慣れていなければインプットは限定的な可能性がある。

シャドーイングは外部のプロジェクトに参加することもできる。スタンフォード大学ｄスクールから始まった「Shadow a Student Challenge（生徒のシャドーイングに取り組むチャレンジ）」プロジェクトでは、準備（Prep）→観察（Shadow）→振り返り（Reflect）→改善（Act）の４ステップで教員が、生徒の立場への共感を高められるよう支援している。[*1] このプロジェクトには２０１６年以来、世界中から７１６１名の教育者（２０２０年６月時点）が参加している。

生徒が先生役となるアイデアとしては、以前筆者が取り組んだ試みを紹介したい。千葉県柏市にある小学生向けイノベーションスペース「ＶＩＶＩＳＴＯＰ《ヴィヴィストップ》」と共同で、教育者がＶＩＶＩＳＴＯＰにある廃材を活用してものづくりに取り組む「大人フェス」というイベントを実施したことがある。その時は、子どもがメンターとなり大人のサポートをすることで、任された環境で子どもたちが発揮するリーダーシップやコミュニケーション力を大人が体感することができた。

ロールプレイングは、一定のシナリオを考えて、生徒役と先生役、子ども役と保護者役といった形に分かれて演じてみることで共感を得る方法である。例えばラーンネット・グローバルスク

＊1　https://www.shadowastudent.org/how-it-works

ールの「探究ナビゲータ講座」では、ワークショップやロールプレーイングを通じて、自分の癖や相手の気持ちについて気づく研修を実施している。

◆ホール・チャイルド・アプローチの実践について理解を深める

従来のカリキュラム絶対主義からホール・チャイルドの学びへと移行するのは、マインドセットを育む組織文化を変える一大事業なので一筋縄ではいかない。改革の実現は短距離走ではなく長距離マラソンである。

加えてホール・チャイルド・アプローチにはひとつの正解があるわけではないので、コミュニティに応じて優先事項は変わってくるだろう。本書の例に挙げた米国のトップ校や先端校も具体的なアプローチは各校でかなり異なる。したがって、子どもたちが置かれている状況への理解と並行して、国内外の先進的な実践にて焦点を絞って学ぶことも、具体的な改革についてのイメージを膨らませる上で有用である。

子どもたちが安心安全な環境で自己理解を深めながら他者理解も深めていくといった「心」を中心としたホール・チャイルドの環境について理解を深めるのであれば、ＳＥＬやマインドフルネス、アドバイザリーや深い対話の場づくりについて学び体験するのも良いだろう。

筆者は、２０１９年の夏、米国ミレニアムスクールの教員と共同でＳＥＬの短期研修を実施した。２日間の研修では安心安全な対話の場づくり、トラブル解決の対話法、マインドフルネスなどを体験型で学ぶ機会を持った。SELは座学だけではなかなか良さが体感できないので、体験型の研修やワークショップへの参加をお勧めしたいところだ。

身体性を使った活動を通じてホール・チャイルドの学びを取り入れるのであれば、第5章で紹介した追手門学院高等学校表現コミュニケーションコースや、御茶の水美術専門学校といった高い次元の思考力につなげる表現教育を実施している学校を視察に行くのも良いだろう。学校以外でも、歌、演技、ストーリーづくりまですべてを子どもたちが考えているリトル・ミュージカルのような活動が近隣にあれば訪問してみるのも理解が深まることになる。見学や体験が難しい場合は、公募で集まった小学4年生から中学生の子どもたちの舞台づくりを通した成長を追いかけるドキュメンタリー映画『じぶんのことば』を鑑賞して対話するのもお勧めである。

また、高次の思考スキルを伴う学習活動については、世界を見渡せばそれぞれの分野で文献や実践校も豊富にある。ひとまず文献などで概要を把握したあとは、分野を絞って深掘りしていくのが良い。PBLやIB実践校の視察もイメージを膨らませるのに役立つだろう。国内では、インターナショナルスクールにも探究学習を取り入れている学校は多い。

主体的・対話的で深い学びの現場をまず知りたいという方には、前述のドキュメンタリー映画"Most Likely to Succeed"を一度鑑賞されることをお勧めしたい。動画配信サイトのVimeoでの鑑賞も可能となっているので、全国どこにいても気軽に鑑賞することができる。この映画については全国で上映会も実施しており、気軽にホール・チャイルドを育む学びについて知り、関係者で意見交換をする機会としても有効である。現在までに500回近くの上映会と対話会が開催されたが、毎回参加者から高い満足度（5段階中平均4・6）を得ている。

世界各地の教育を含め、セミナー参加を通じて視野を広げる方法もある。グループでの輪読を通じて短時間で理解を深めるABD（アクティブ・ブック・ダイアローグ）という方法を活用して深い学びの教授法への視野や理解を深めるのも良いだろう。

具体的に深掘りしたい分野が見えてきたら、視察や研修を通して理解を深めることをお勧めする。体験学習について知るのであれば、第5章で紹介したプロジェクト・アドベンチャーなどの研修に参加するのも有益だ。

探究学習であれば、東京コミュニティスクール、一般社団法人こたえのない学校、ラーンネット・グローバルスクールなどが良質な探究学習についての研修を提供している。PBLについては筆者が代表を務めるLearn by CreationでもHTHと共同でPBLカリキュラムデザインの研修を実施している。

ほかにも思考力を高めるスキルや個別化、環境デザインなど深掘りできるテーマは数多い。特に昨今では、オンライン学習をどう取り入れるかというブレンデッド・ラーニングを活用したホール・チャイルドの育成への関心が高い人も多いだろう。次の「問題定義と明確化」のステップと反復しながら、深く理解したい分野を絞り、無理のない形で進めていくことがたゆまぬ進化を続けていくために欠かせない。

ステップ２——問題定義と明確化

共感と理解を通じてある程度の情報が集まってきたら、ステップ１で見えてきた課題を持ち寄り、意思決定や実施に関わる人たちで状況への共通理解を得ることが大切である。同じ現場を観察したとしても、ステークホルダーによって異なった視点や課題が浮かび上がることもある。本質的な課題をじっくり探究できる場合は、コンパッショネート・システム思考[*2]やU理論[*3]などのビジネス現場で利用される思考法も活用して、ステークホルダーの議論の質を高めたり、課題や阻害要因についての共通理解を深めるのも良いだろう。実際これらの方法や理論は世界の教育現場で良質な対話と信頼関係を育む思考ツールとして活用されている。

主観的な思いのぶつかり合いとなるとなかなか合意形成には至ることができない。集まるステークホルダーの間で時には反対意見にも耳を傾けて課題を出し合い、良好な関係を築く努力を重ねる。子どもたちの視点から炙り出された課題点や、学びのアプローチの調査から見えてきた事実を共有し、ホール・チャイルドを育てる学びの方向性に舵を切るのかどうかについて対話を重ねることが大切だ。

カリキュラム中心に全員が同時に同じことを一斉に学ぶ現行のスタイルそのままで、深い学びにつながる教授法を部分的に追加することは、生徒の課題の根本的な解決にはつながらない。ま

＊2　解決すべき問題をシステムととらえて多面的に原因を探り、解決策を導くシステム思考を感情と共感性に焦点をあてて実践するもの。
＊3　マサチューセッツ工科大学のＣ・オットー・シャーマー博士が提唱した変容・変革を導く理論。

ず最上位概念としてホール・チャイルドを育てる環境をつくるという合意が得られて初めて次のステップで、具体的にどう実現するのかというフェーズに進むことができる。

最上位概念で合意した後に、学校や団体の場合は、ビジョンやミッションを言語化し、育てたい学習者プロフィールを明確にすることも欠かせないプロセスとなる。ここを曖昧にしてしまうと、実践との一貫性の確認が取れなくなってしまう。学校や学区としてビジョンを作成する場合は、戦略計画プロセスに取り組むことで、アカウンタビリティを明確にした改革の実施にも役立つ（戦略計画の詳細は、次頁コラムを参照）。

全国のどの学校や学び舎でも育てたい子どもの姿が一言一句同じということはないだろう。なぜなら地域の展望、経済的背景、伝統や文化的背景、集まる子どもたちの特性、保護者のニーズなどが異なるからである。私学や民間教育機関であれば、創設者や管理職の思いも反映されるだろう。違いを恐れるのではなく、その学校、コミュニティらしいビジョンやミッション、学習者プロフィールを関係者で対話の中から炙り出していくことが手戻りのない改革への第一歩である（学習者プロフィールについては、後述コラムを参照）。

新しい方向にチーム一丸で臨むには、望む未来を描き、それを達成する戦略を明確にすることが大切だが、結果の戦略だけでなく作成プロセス自体も導入の成功のカギを握る重要なポイントとなる。ステークホルダーが納得する戦略立案と作成のプロセスが踏まれた上で、計画を実行できる組織づくりができるかどうかも成否に大きな影響を及ぼす。

筆者は経営コンサルティングやメディア、テクノロジー企業でのマネジメント経験を通じて多くの企業の経営戦略策定に関わってきた。特に変化の激しいテクノロジー業界では、大きな方向性の舵を切る機会も頻繁である。絵に描いた餅が失敗した例も数多く見た一方で、納得するプロセスを丁寧に踏み、実施に必要な人材育成や組織づくりも行ったことで素晴らしい成功を達成した現場も経験してきた。

ビジネスと教育では構成要件やステークホルダーが違う。それでも、共通のビジョン、ミッションや戦略を持ち、ステークホルダーと共通認識を持って経済・社会環境の変化に対応していくことが求められるというプロセスは変わらない。米国では戦略計画づくりのプロセスが、教育やNPO／NGOセクターで幅広く取り入れられている。日本においても、大きな教育改革を実施するために、なぜ学区や学校としての戦略計画が重要なのかを紹介したい。

コラム　戦略計画とは？

戦略計画（Strategic Plan）は、米国では1980年代から教育分野で導入が始まり、現在では多くの学区や学校で取り入れられている。従来、実施されていた運営計画は内部の分析や、閉ざされた存在としての長期的計画であったが、戦略計画は開かれたプロセスで策定され、計画には学区や学校のミッションやビジョン、そして目的やビジョンを達成するための行動計画が含まれる。新たな価値の創出を目指す学校や学区が新しい計画を作成するために作られる場合もあるが、リーダーシップが変わった時や学区の環境が大きく変化している時の対応策、学校運営の刷新などのきっかけなど様々な理由から実施されている。[*4]

公共分野における戦略計画の専門家であるミネソタ大学教授のジョン・ブライソンは、戦略計画について次のように説明している。[*5]

「組織が何か、そして何を行って、なぜ行うのかを形作り、誘導するための基本的な意思決定やアクションを生み出すための、統制のとれた取り組みです。最も良い結果を生み出すためには、幅広く効果的な情報収集、戦略の代替案についての検討、そして現在の決断が未来に及ぼす影響への配慮が求められます」

すなわち、計画策定は大切であるが、計画を策定するために、どのような変化にいかに対応していくべきかという合意形成プロセスをじっくり踏むこと自体に大きな価値がある。

学区における戦略計画は、1年をかけて教育委員会、地域企業・団体、学校・学区管理職、保護者、教員、生徒など、学区の教育の成功に関わるステークホルダーが参加する形で進められる。アウトプットとしては、学区のビジョンとミッション、計画の目標やその達成基準などが含まれる。[*6]

調査に基づいたコンサルティングを学区に提供するエクラグループ（ECRA Group）では、戦略計画の必要要件などについてＥＣＲＡ戦略計画モデルとしてまとめている（図表21）。

＊4　P5, Creating the Future: Strategic Planning for Schools, An ECRA White Paper, 2015
＊5　https://www.hhh.umn.edu/directory/john-bryson
＊6　Strategic Planning for K-12 Districts, Hanover Research, 2012

図表 21　ECRA 戦略計画モデル

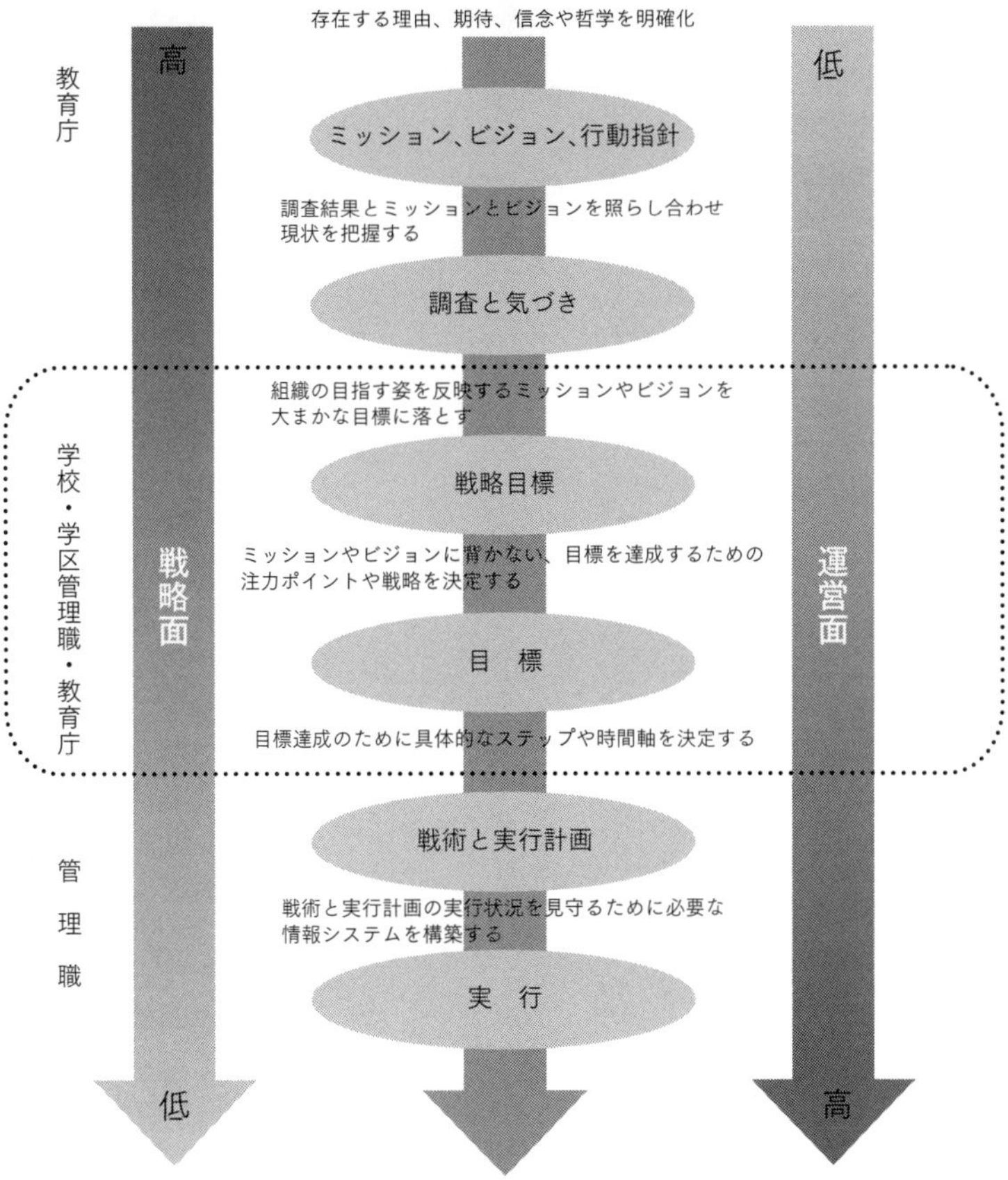

出典：P6, Creating the Future: Strategic Planning for Schools, An ECRA White Paper, 2015（筆者訳）

この図に示されている通り、戦略計画は戦略だけでも実施計画だけでもなく、俯瞰的に学区全体の共通理念として設定されるミッションやビジョンから実際の行動計画、結果の予実管理までが含まれる。

作成のプロセスはひとつの方法ではないが、ECRAでは3つのステップを提案している。まずステップ1として、教育庁の職員、学校・学区管理職、教員、保護者、生徒、そして地域リーダーへの調査や、過去の生徒データなどを振り返りながら、共通するテーマや課題、そして目指したい方向性を探索する。ステップ2では、戦略立案を行い、最後のステップ3として実行計画を策定する（図表22を参照）。

実行計画は、学区の成功へのビジョンと合致する目標を実現する内容としてリンクしており、計画には成果を測る具体性を盛り込むことが重要である。ステップ1を丁寧に進めることで合意形成につなげる必要があるため、全体の作成には1年近くかかる場合もある。

ジョージア州カミングのフォーサイス・カウンティ・スクールでは、ステップ1でステークホルダーがプロセスに参加したことで、計画実施への協力やオーナーシップにつながったという。[*7] ネブラスカ州リンカーンのリンカーン公立校では、ステップ2で地域住民やステークホルダーで構成された26名の戦略立案委員会が取りまとめた案を委員の間で投票にかけることにより、優先度の高い3～4の目標に絞り込むプロセスを取った。同学区ではステップ3において、優先度の高い目標ごとに4～15の具体的なアクションステップと、それぞれに

＊7　P25 Strategic Planning for K-12 Districts, Hanover Research, 2012

対する責任者やタイムライン、リソースやコスト、そしてコミュニケーション計画についても明らかにしている。*8

戦略計画は、教育庁のボードメンバーのインタビューやステークホルダーの調査を踏まえた上で作成される計画プロセスを踏むことで、多様なステークホルダーが統一されたビジョンや目標を共有する形で実践へのスタートを切れることがメリットとなる。とはいえ、実際には必ずうまくいく

図表22　ECRA 戦略計画モデル

ステップ1
- 教育庁スタッフインタビュー
- ステークホルダーとのフォーカスグループ（例：学区管理職、学校管理職、教員、スタッフ、保護者、生徒、そして地域リーダー）
- ミッション、ビジョン、行動指針のレビュー
- 学区の既存のデータやレポートのレビュー
- 主要なステークホルダーへの量的調査
- 生徒の到達度データの分析

ステップ2
- 学区のミッションやビジョン、今後の意思決定のための行動指針、ステークホルダーが望む未来の方向性についてまとめる
- リサーチ結果を統合するエビデンスをまとめた資料の作成
- 学区の方向性の大まかなアウトラインとなる戦略計画の策定（ミッション、ビジョン、行動指針、戦略的目標、具体目標を含む）

ステップ3
- 実行計画ミーティング
- 以下を含む実行計画の作成（具体的な目標、測定値、行動、タイムライン、責任者、リソースを含む）
- 目標の成果をモニタリングするダッシュボード（スコアカード）の作成

出典：P6, Creating the Future: Strategic Planning for Schools, An ECRA White Paper, 2015（筆者訳）

*8　P26-27 Strategic Planning for K-12 Districts, Hanover Research, 2012

わけではない。現状を分析し、学区の未来のためにビジョンや目標を立てるだけでなく、戦略的な変革につながる力が育まれるように設計されることが大切である。

戦略計画は、大きな要素は共通するものの、具体的な目標は、学校や地域の優先事項により異なる。一定の学力以上の子どもが集まるトップ私学では、建学の精神を活かしながら時代のニーズも反映した要素として、学際的な教育や入学での多様性の確保、グローバル教育などを掲げている。一方、公立の学区では、安心安全な環境の担保や学力差の縮小といった点が強調されていたりする。地域の特性によっては、進路設計をより重視した学びの選択肢を重んじる学区もあれば、資金調達について重点が置かれている学区もある。

コミュニティの状況を鑑みて戦略計画を立て、生徒や教員、保護者、地域のサポートも得ることで、地域の強みを活かした計画が生まれるだけでなく、実行を担う人材も育っていく。戦略計画を実施しない場合は、ステークホルダーの納得が得られない、間違った課題に時間をかける、方向性が理解されない、スタッフがいろいろな方向性に忙殺される、最上位概念と合致しない取り組みにコストをかけてしまう、といった課題が生じる。[*9] 限られたリソースを効果的に活用しながらステークホルダーの満足度を上げ、大きな目標を達成するためには、最初は時間がかかるようであっても、ステークホルダーを大きく巻き込んだ戦略計画づくりをお勧めしたい。

*9 https://www.edelements.com/blog/what-does-it-cost-you-when-you-dont-set-a-strategic-direction

ステップ3――アイデア創造

コミュニティや学区・学校のミッション、ビジョン、育てたい学習者プロフィールについての合意形成ができたら、次のステップは、具体的に実施するプログラムやカリキュラム、運営体制改善など、アイデアの創造である。これもいきなりすべてに取り組むことは難しいので、課題の解決しやすさ（財政面、リソース面、スキル面を勘案）という観点から優先順位づけをしていくことが大切である。

例えば、心の領域で、マインドフルネスという切り口で実現方法のアイデア出しをするというところまで絞り込めれば、その分野の事例研究を行い、具体的なアイデアを出し、プロトタイプ（試作品）を作成、実施する体制を具体的に描いていくこともスムーズになるだろう。

PBLの導入でホール・チャイルドを育てる一歩としたい学校であれば、教科に限らず学校生活のどのような部分からプロジェクトにできるのか、外部の専門家とつなげるのか、といったことを考える学内タスクフォースを発足させるのも具体的な一歩となる。

アイデア創造のプロセスで大切なのは、参加者の誰もが遠慮することなく自由に発想を共有できる場づくりである。必要であれば外部のファシリテーターの力も借りて、参加者の全員が気持ちよく創造性を発揮できる場を設けることで、プロトタイピングやテストのフェーズでも関与度の高い合意形成ができ、最終的にコミュニティや学校全体で実施する内容が良質な形で実現しやすくなる。

ステップ４——プロトタイピング

アイデアが固まってきたら、次のフェーズはプロトタイピングである。学校であれば、どの先生の何の授業、もしくはイベントで実施するのかを確定し、プロトタイプを考案する。家庭であれば週末に試作品づくりなど、プロトタイプに近いものを体験してみるのも良いだろう。可能な限り、複数名の異なる視点を持つメンバーでプロトタイプをプランニングすることが成功への近道だ。なぜなら批判的思考能力を発揮しながら独善的にならない試作品を考案するには視点の異なる人からのフィードバックが有用だからだ。

ハイ・テック・ハイではＰＢＬカリキュラムの質を高めるために、「プロジェクト・チューニング」という建設的なフィードバックを教員が受け取れる機会が定期的に設けられている。筆者も「プロジェクト・チューニング」を主催する中で、建設的なフィードバックがプロトタイプに与えるポジティブなインパクトを体感してきた。質の高いプロトタイプを作成するには、協働による反芻のプロセスを組み込んでいくことをお勧めしたい。

家庭や個人の場合でも、仲間やコミュニティと協働し、フィードバックをもらうことは、ソーシャルメディア時代に格段に取り組みやすくなっている。フェイスブックやライン（LINE）などのソーシャルメディアを活用して意見を交換しながら反芻することでも、プロトタイプの質は高くなっていく。

筆者が２０１５年と２０１６年に社会起業家向けに実践したブートキャンプでは、起業家のプロトタイプへのフィードバックを街頭インタビューやオンラインアンケート、ソーシャルメディアでの投稿から得ることで質を上げていった。視界を広げてみれば、プロトタイプへのフィードバックをくれる人は意外と近くにいるものである。

ステップ５――テスト

プロトタイプが完成したら、次は実証フェーズである。学校であれば、限定したクラスやイベントといった形かもしれないし、家庭であれば体験授業やホームスクーリングといったことかもしれない。テストフェーズで大切なのは、あらかじめ成果の評価方法について考えておくことである。

子どもの自己評価やグループでの評価、発表会などにおける保護者や第三者の視点からの評価、定量アンケートによる調査など様々な評価があるだろう。一般の商品と違い、教育については売り上げや顧客数の増加といった分かりやすい数字で成果を測ることは難しい。それだけに、成功の目安についてはプロトタイプのフェーズで合意しておきたい。
以上の5ステップは必ずしもリニアに進むのではなく、行き来しながら進んでいくものである。大きなビジョンが生まれればその後はステップ3～5を様々な取り組みで継続していくのが良い場合もある。小さな単位から始め、子どもたちの成長を感じながら徐々に大きな流れにしていくのも良いだろう。

学習者プロフィールを改革の道標に

それぞれの学校や学区に応じ、ホール・チャイルドとして育みたい資質やスキルを学習者プロフィール（Learner Profile）として明文化することで、家庭も含めた学校全体で、評価も含めた改革のベクトルを合わせることが可能となる。ここは、でき合いのものではなく、各学校や学区に合ったものをつくることに意味がある。

例えば東京のような大都市と、中山間地域では異なるニーズがあるはずだ。地域を支える主要産業も異なることだろう。さらに言えば、私学であれば学校の建学精神により、どのような資質やスキルを育みたいかは異なってくるだろう。

国全体でひとつの硬直的な教育ビジョンに当てはめるのではなく、各地域や学校の求める要件を考えた上で、それぞれの学校もしくは学区としてどのような学習者を育てたいかという学習者プロフィールを作成し、合意することは教育改新の第一歩として大切である。これは具体策につながりにくい「教育ビジョン」ではなく、学習者に育みたい資質やスキルを、先生も生徒も共有できる形に落とし込むものである。

具体的に学習者プロフィールがどのようなものかを2つの例から紹介する。

コラム　学習者プロフィール作成のすすめ

日本でも増えつつある国際バカロレア教育（International Baccalaureate、略称 IB）では、理想とする学習者プロフィールを10項目定めている（次頁の図表23を参照）。この学習者プロフィールについて、国際バカロレアはこのように述べている。「『ＩＢの学習者像』は、ＩＢワールドスクール（ＩＢ認定校）が価値を置く人間性を10の人物像として表しています。こうした人物像は、個人や集団が地域社会や国、そしてグローバルなコミュニティーの責任ある一員となることに資すると私たちは信じています」

また、高校で国際バカロレアも選択肢として提供するハワイの名門私学、ミッド・パシフィック・インスティチュートでは、より「行動」にフォーカスをした学習者プロフィールを作成している（次頁の図表24を参照）。

両者を比較すると、共通点もありながら、独自の視点があることが分かる。例えば国際的

図表 23　ＩＢの学習者像

・探究する人――私たちは、好奇心を育み、探究し研究するスキルを身につけます。ひとりで学んだり、他の人々と共に学んだりします。熱意をもって学び、学ぶ喜びを生涯を通じてもち続けます。
・知識のある人――私たちは、概念的な理解を深めて活用し、幅広い分野の知識を探究します。地域社会やグローバル社会における重要な課題や考えに取り組みます。
・考える人――私たちは、複雑な問題を分析し、責任ある行動をとるために、批判的かつ創造的に考えるスキルを活用します。率先して理性的で倫理的な判断を下します。
・コミュニケーションができる人――私たちは、複数の言語やさまざまな方法を用いて、自信 をもって創造的に自分自身を表現します。他の人々や他の集団のものの見方に注意深く耳を傾け、効果的に 協力し合います。
・信念をもつ人 ―― 私たちは、誠実かつ正直に、公正な考えと強い正義感をもって行動します。そして、あらゆる人々がもつ尊厳と権利を尊重して行動します。私たちは、自分自身の行動とそれに伴う結果に責任をもちます。
・心を開く人――私たちは、自己の文化と個人的な経験の真価を正しく受け止めると同時に、他の人々の価値観や伝統の真価もまた正しく受け止めます。多様な視点を求め、価値を見出し、その経験を糧に成長しようと努めます。
・思いやりのある人――私たちは、思いやりと共感、そして尊重の精神を示します。人の役に立ち、他の人々の生活や私たちを取り巻く世界を良くするために行動します。
・挑戦する人――私たちは、不確実な事態に対し、熟慮と決断力をもって向き合います。ひとりで、または協力して新しい考えや方法を探究します。挑戦と変化に機知に富んだ方法で快活に取り組みます。
・バランスのとれた人――私たちは、自分自身や他の人々の幸福にとって、私たちの生を構成する知性、身体、心のバランスをとることが大切だと理解しています。また、私たちが他の人々や、私たちが住むこの世界と相互に依存していることを認識しています。
・振り返りができる人――私たちは、世界について、そして自分の考えや経験について、深く考察します。自分自身の学びと成長を促すため、自分の長所と短所を理解するよう努めます。

出典：International Baccalaureate Organization（国際バカロレア機構） 2017 年 4 月改訂版

図表 24　ミッド・パシフィック・インスティテュートの学習者プロフィール

・維持する――粘りのある学びの価値についてポジティブなマインドセットと信念を維持する。
・集める――新しいソリューションを実装するために、複数の異なる分野からのデータを集めて分析する。
・つくる――よりつながっている社会において、社会性と情動についての意識と共感を育てる。
・自己評価する――自分の成長と理解度を自己評価し、公式もしくは非公式な形で学んだことを他者に伝える。
・受容する―― 適度なリスクと新たな課題を解決するチャンスを受け止める。
・応用する――問題解決にクリエイティビティと妄想力を活用する。
・育む――我々が住む環境とコミュニティを育み、持続させ、伴走していく。
・伝える――口頭、筆記、アート、そしてデジタルを活用して効果的に伝える。
・協働する――グローバルな仲間と協働してポジティブな影響を与える。

出典：https://www.midpac.edu/about/learner-profile.php（筆者訳）

な視野を持つ人間を育成するＩＢでは他者の尊厳や権利の尊重を取り上げている一方、ＰＢＬや起業、テクノロジーに力を入れているミッド・パシフィック・インスティテュートはクリエイティブな課題解決に、よりフォーカスがあたっている。第3章で紹介したキャラクター・ストレングス（性格長所）などの人格育成のプロフィールを参考にしながら、学習指導要領との整合性も確認すると良いだろう。時間がかかっても、教員全体や保護者や生徒も巻き込んだ形で作成を行うと、その後の改革への納得感も大きい。

さらに、学習者プロフィールを生徒自身が作成することを促すことで、生徒1人ひとりのニーズにより適したカリキュラムのデザインや、学校の学習者プロフィールとの違いから、成長の機会を見つけるといった使い方もできる。クラス運営のための学習者プロフィールの作成では、生徒にまずアンケートを行い、本人の学習面での強み・弱みや学びのスタイル、趣味などを答えてもらうことで、より生徒のニーズに合致したクラス運営を目指すことも可能だ。

企業や学外の個人、団体による改新へのサポート

日本も大学では企業の冠がついた寄付講座やホールといった、寄付元を明らかにした産学連携が進んでいるが、小中高では一部の私学を除き、まだまだそのような取り組みは多くない。企業にとっても小中高という就職や研究といった領域から遠い組織を支援するメリットが大きくないという判断もあるかと察するが、企業の人材育成の観点で考えると、子どもたちに教えるという活動自体に多くの学びがある。

米オラクルの場合は、上司の承認があれば平日も年間100時間までオラクル教育財団のプログラムなどのボランティアとして貢献することが認められている。これから優秀なミレニアム世代、Z世代に活躍してもらうために必須だという判断である。特に地域の企業の若手世代であれば、地元の小学校や中学校に子弟が通う例も多いだろう。企業にとってもある一定のプロボノ（専門性を活かしたボランティア）を認めることで、より地域に根ざした企業として認められるチャンスである。

小中高を対象としたプロボノでは、即効性のある実売効果を期待することは難しいが、クリエイティビティが一層求められる時代に、社員が子どもたちの柔軟な発想力に触れることで学ぶことも多くあるはずだ。筆者が代表を務めるラーン・バイ・クリエイションの2019年イベントでは、学校の教員と民間の第一線で活躍する社会人やクリエイターが新しい授業作りを行うプロ

ジェクトが実施された。ハッカソンというスタイルを取り入れ、５チームに教員、プロボノのクリエイターや社会人が参加した。プロボノメンバーは、教員と協働で新しい授業を創造する機会にワクワクし、自らの仕事外の時間を使って参加してくれた。仕事の合間を縫っての参加は苦労も多かったそうだが、参加メンバーは、口を揃えて子どもたちから多くのことを学んだと語ってくれた。メンバーは、全員社会人歴10～30年のプロフェッショナルだったが、彼らが本気で向き合いたいと思わせる力を子どもたちは持っているのだ。

一方、日本では年間数十万の人がアクティブシニア世代となり、企業を退職している。再雇用で忙しい人もいる一方で、仕事はほどほどで、社会人ボランティアとして次世代に貢献したいという人も多い。アクティブシニア世代が今の小中高生から刺激を受けることも多くあるだろう。一方的に手助けするというマインドではなく、子どもたちから学ぶ機会として関与していくと、上から目線にならず子どもたちとも良好な関係が築けることだろう。

日本の小学生との探究教育の実践者として深い経験を持つ元東京コミュニティスクール校長（現・探研移動小学校主宰）の市川力は「おっちゃん」と子どもたちから親しまれていた。市川が在任時に何度か見学したが回を重ねることで、彼が子どもたちにとっては何でも話しやすい「おっちゃん」であることが見えてきた。それは市川の気さくさだけでなく、本気で面白がりながら共に学び合おうという姿勢に子どもたちが本気で向き合っていたからである。子どもたちが触れ合う大人が限られている中、親しみやすいおっちゃん、おばちゃんが子どもたちと一緒に面白がって学び合うというのはなんとも素敵な光景ではないだろうか。

現在、日本でもカタリバやラーニング・フォー・オール（Learning for All）、放課後NPOアフタースクールはじめ、被災地の学習支援、貧困家庭の学習サポート、放課後を活用した学び場作りを支援する非営利組織は増えている。資金的にも規模的にもNPOだけに頼ることには限界がある。より多様な企業や団体、個人の関わり方が増えることで、子どもたちが目的意識を持てるような実社会と接続した学びの環境が加速度的に広がっていくだろう。

一方通行の支援は長続きしないが、自らの力もしくは会社の支援により時間的余裕が生み出せる大人たちが子どもたちと共に学び合える関係性を築くことができれば、持続可能性への道も自ずと開ける。大企業や地域の企業、アクティブシニア世代などが関与することで、全国レベルでホール・チャイルドの育成へのリソースが拡充することを期待したい。

家庭から始まるホール・チャイルドの育成と自己調整力

主体的に自ら考えて行動できる大人になって欲しい、大人として精神的にも経済的にも自立できるように育てていきたい。わが子に対してそう思う保護者は多い一方で、目の前の子どもと対峙する時には、短期的な学校の宿題や課題をこなすことの支援で手がいっぱいな家庭も多いことだろう。ワーキングマザーの筆者も実際そのような日常に忙殺される日々を経験し、長期的な目標と目の前のギャップに悩み続けた時期もあった。

しかし所謂、教科別の学習というのは、子どもが身につけるべき能力や資質の一部である。最新の脳科学の研究では、思春期から25歳ごろまでが脳の第2の成長期ということがわかっており、6歳までの第1の成長期の段階と異なり、非認知能力を育む最適な期間である。この期間は、〝神経可塑性（neuroplastisity）〟が非常に高いので、良い行動にも悪い行動にも生涯にわたる影響を受けやすい時期であるとも言われている。*10

中学、高校と学年が上がるに従って、学びの選択肢や将来に向けて考えを深めて展望を持つことが求められる中、より自分で計画を立て、主体的に学んだり活動したりすることが求められている。テンプル大学心理学教授のローレンス・スタインバーグは、こういった行動を取るために必要なのは「自己調整力」であり、将来の成功への最も大きな因子のひとつなのだと言う。

自己調整力とは、自己の注意や感情や行動を様々な誘惑の中でコントロールする力である。帰宅後に先に宿題に取り組むのか、先に好きなゲームをしてから寝る前に課題に取り組むのかといった日々の生活で常に判断し、実践することが求められる力でもある。

研究では、この自己調整力の発達に最も影響力が大きいのは家庭環境だということが分かっているそうだ。読み書き算盤といった基礎学力が大切であることに変わりはないが、育児での最上位概念をホール・チャイルドとしてわが子が心身頭のバランス良く成長することと捉えてみると家庭教育での視点もガラリと変わる。

＊10　ローレンス・スタインバーグ（2015）『15歳はなぜ言うことを聞かないのか』（日経BP）

学校から与えられた宿題や受験のための課題をこなすことが最も大切なのではなく、主体的に計画を立て、立てた計画に対して様々な誘惑も振り切り、責任を持って目標に向かって行動できるか、そしてその行動を継続できるかといった目標設定と行動抑制のプロセスが大切になってくる。ダイエットが失敗しやすい例からもわかる通り、このような行動を子どもが習慣化するのは容易ではない。保護者が日々の生活の中で与える影響力は絶大である。

子どもたちが情熱を持って取り組めることを家庭で応援しながら、学ぶべきことは自ら進んで学べる環境を整えることで、親が些細なことをいちいちフォローする必要はなくなり、親子関係もより良好になるだけでなく、子どもの自立が育まれていくというポジティブな循環に少しずつ転換することができる。命令的な指揮系統で子どもに宿題や課題に取り組ませることを継続すると、指示待ちの子どもになってしまうが、計画や選択の手綱を渡すことにより、子どもたちが自らの学びを徐々に構築できるようにサポートをしていきたいものだ。

自己調整力に加えてダックワースが提唱する、才能より大切な成功を導く力と言われるグリットも、自己調整力に並んで生涯に影響を及ぼす大切な非認知能力である。自己調整力は、日常生活での意義ある目標を達成するために、ぶつかり合う思いから良い判断をしていく能力だが、グリットは、ひとつの大きな目標に向かって、困難な状況を乗り越えていく力である。イチローのように何十年にもわたってたゆまない挑戦を続けていくのはまさにグリットである。自己調整力と似ていて異なる能力であり、研究ではどちらかが得意な人もいるそうだ。

民主的な子育てスタイルで学習者中心の学びを実現

子どもたちが、ホール・チャイルドとなって自己調整力やグリットを身につけるサポートを家庭でできれば、将来、社会に出て困難な状況に直面した時にも、目標を定めて主体的に学び、行動する力を持って立ち向かうことができるだろう。

ホール・チャイルド育成のために各家庭でできることは、もっとないだろうか。

子育てのスタイルのヒントとして、民主的な子育てスタイル（Authoritative Parenting）について紹介したい。

民主的な子育てスタイルとは、１９６０年代に発達心理学者のダイアナ・バウムリンドの研究で提唱された３つの子育てスタイルのうちの１つである。民主的な子育てスタイルは、権威的な子育てスタイル（Authoritarian Parenting）や消極的な子育てスタイル（Permissive Parenting）と比べて、最も効果的で子どもの立場に立ったスタイルだと各種の研究でも報告されている。１９８０年代にはこれに加えて無関心な子育てスタイル（Neglectful Parenting）も追加されているが、このスタイルは最も子どもが非行に走る確率が高いという。

民主的な子育てスタイルの保護者には、次のような特徴があるという。

子どもに高い基準を持ち、熱心に子どもと向き合いながらも、子どもが独立した合理的なひとりの人間であることを尊重する。そのため、保護者は子どもに成熟度や協力を期待しながらも、必要な感情面でのサポートを行う。

この子育てでは、好ましい行動と好ましくない行動の制限をかけるため、基本的には子ども中心でありながらも、判断軸の白黒は、子どもが納得できるように説明するだけでなく、理性を持って話し合いができる環境づくりにも気を配る。例えば、兄弟喧嘩の仲裁に入る際、いきなり頭ごなしに叱るのではなく、兄弟をまず別々の場所に移動させ、親子共々気持ちが落ち着いてから話をするといった具合だ。

日々の生活を通じて子どもたちが与えられた指示をこなすのではなく、迷いながら、感情と向き合いながら、少しずつ客観的な視点や判断をする習慣を身につけることで自ずと自己調整力は身につくようになる。グリットを育む上でも、子どもの意思を尊重する民主的な子育てスタイルの家庭であれば、考える習慣があることで本人が自分を見失わず、やり抜くことが困難な状況でも信頼関係の下で、心の支えを与えることができる。

家庭の影響力は絶大である一方、保護者から細やかな養育支援を受けられない子どもたちを幼年期から支援する教育機関の拡充が貧困からの脱却には欠かせない。公教育は、社会に出た後の長い人生を考えると最も投資効率の高い支援策のひとつだ。学びの格差の解消もここから始まるのである。

ひとりの子どもを育てるには村中の知恵と力が必要

子どもの脳が完成するまでの主な居場所である家庭と学校が子どもに与える影響は大きい。これらの場所で子どもたちが唯一無二の存在として受け止められ、安心安全な環境で挑戦し、心身頭が育まれることこそが新しいエリート教育の基礎となる。

豊かな土壌なしに植物が育たないように、子どもたちにもしっかりした基礎が必要だ。英語にはバック・トゥ・ベーシック（Back to Basics、「基礎に戻る」）という言葉があるが、この基礎をもとにホール・チャイルドの教育観への共通理解をステークホルダー同士でしっかりと共有することが新・エリート教育のスタートラインなのである。

家族であれば夫婦、学校であれば保護者、地域、教員、学校管理職、教育委員会といったステークホルダーの共通理解があって初めて、子どもたちに一貫性のある環境が与えられる。

本書では米国のトップ校や先端校の様々なホール・チャイルド・アプローチを紹介してきたが、従来の教育観を引きずったまま探究学習といった新たな教授法の導入だけを行うことが難しいのは何度も繰り返している通りだ。それは、箱庭の中の限られた選択肢で生きていた人が、いきなり森の中に置き去りにされるようなものである。

新型コロナウィルスの問題が収束したとしても、すでに社会や暮らしがニューノーマル（新しい日常）に動き始めている中、完全に以前のスタイルに戻ることはないだろう。デジタル・トランスフォーメーションが急ピッチで進む中、目的意識を持ち、高い自己調整力を持って主体的に学ぶ子どもや大人は、世界中から自分に合った学びの環境にアクセスすることで伸びやかな成長を続ける。一方で、与えられた学びをこなすことしかできない子どもや大人は取り残されかねないのがニューノーマルの世界である。

世界の優れた学びにアクセスできることが実践知となりつつあるこのタイミングは、学校教育のあり方を再考する絶好のチャンスである。5～10年後には世界の大学教育のあり方も大きく変わっていくだろう。

4年制大学のあり方は見直され、世界の大学から目的に応じて学ぶスタイルに進化する可能性もある。このような時代にいわゆる難関大学への進学だけを小中高教育の最大目標に掲げ、振り回されすぎるのは賢明ではない。リアルとデジタルが密接につながり合う社会でオンラインの海を泳ぎ、世界がより身近に感じられるようになる一方で、子どもたちは膨大な情報や競争の渦を目の前にして、その恐怖から抜け出すために正解を求める依存型人間になる可能性もある。

子どもたち1人ひとりが、自分を知り、多様な他者の視点に共感する力を身につけて、自分なりの方法で社会に貢献する、という普遍的な人間力を育てるのが新・エリート教育の肝である。

これがきちんとできれば、高次の思考スキルを発揮するチャレンジにも子どもたちは主体的に目的意識を持って取り組めるようになる。子どもたちを学力や偏差値という狭い尺度だけで測る従来型の教育観からホール・チャイルドを育てる教育観へのパラダイムシフトが求められている理由があらためて理解いただければと思う。

現在の日本を見渡すと、家庭や学校の環境に恵まれない子どもも少なからずいる。どんな環境の子どもたちもホール・チャイルド・アプローチの学び場にアクセスできるようになるためには、子どもたちを支援するＮＰＯ／ＮＧＯ、地域団体、企業やボランティア有志の存在も欠かせない。近年、急速に成長した「子ども食堂」のような取り組みは好例のひとつである。「子どもをひとり育てるには、愛を持った村中の大人の協力が欠かせない」というアフリカの諺《ことわざ》が教育のありようを見事に表現している。

既存の基礎学力や受験の概念に縛られるのではなく、子どもたちが「自分たちは世の中を変えられる」と信じ、高い目的意識を持って社会に貢献するクリエイティブ・リーダーへと成長することを応援しようではないか。

閉塞感のあふれる日本を改新するには若者の力が鍵となる。ホール・チャイルドの成長をコミュニティが連携し、応援していくことが、コロナ後の時代に日本が備えるための最も有効な処方箋になると信じて、大人たちは前に進もう。

「チャンスを待つな。創り出しなさい」

ジョージ・バーナード・ショー

あとがき

先日とある講演でとても納得する話を聞いた。「制御」という考えは、生存のために内部環境を一定の状態に保ちつづけようとする自己制御機能である「ホメオスタシス（Homeostesis）」からきているというのだ。体内の自己制御機能は、生き物が本来持つ機能である一方、制御の同義語である「コントロール」という概念は、のちの中世で会計の重複を確認するという意味でラテン語から派生した言葉である。

元々人間ではない事象を対象としていたコントロールという概念は、近代に入り、機械だけでなく、何らかの標準や権威に対して人間を管理する文脈にも適用されることになった。工業社会への移行は、人間を機械のように扱うマネジメントの到来でもあった。

経営管理が洗練されるにつけ、企業が従業員のパフォーマンスを測るために、標準や平均、最高、最低、ランキング、ベンチマーク、など様々な指標を駆使した個人の行動を制御するプロセスや仕組みが導入された。そうして、「平均的で理想的な従業員」は、本人の意思や望み、得意、不得意などと切り離された存在として扱われてきた。同様の動きは、教育にも波及し、近代以降の学校教育は、標準化された教科の知識獲得を標準化されたプロセスで実施することが目的となり、学ぶペースや学び方の選択の余地は少ない。

しかしながら、21世紀に入り、社会は大きく変容し、子どもたちの側の学びへの姿勢は二方向に分かれ始めている。時代にそぐわない学習内容にモチベーションを見出せなくなっている子どもたちが少なからず存在する一方で、内発的動機に基づいた自律的な学習者ほど、それ以外の生徒よりも良い成績を上げているという調査結果が出ている。

自律的に学ぶ子どもたちから時代を切り開く人材が育つだろう。反面、内発的動機が不足した子どもたちが、自らの感情や態度のコントロール、学びへの意欲などを育む経験なしに、時代の新・エリートであるクリエイティブ・リーダーへと成長することは難しい。

人材不足が叫ばれるSociety5.0時代に向けて、生涯学び続けていく態度や意欲が育まれる学習者中心の教育環境を、早急に全国レベルで整えることは、ひとつの処方箋となる。本格的なＡＩ時代を前に、社会格差につながりかねない学びの格差を広げないためにも、小手先ではない学びの文化の再創造が急務であることを、世界の流れ、米国トップ校や先端校の事例、日本の先行事例から感じていただけたならば幸甚である。

この場を借りて、本書を書く過程でお世話になった方々に御礼を申し上げたい。執筆のきっかけを下さった、日経ＢＰ日本経済新聞出版本部の三田真美さんには心から感謝している。彼女の的確なフィードバックと叱咤激励のおかげで、最初に自分が想定していたよりはるかに充実した内容に仕上げることができた。

本書に至るまで、数多くの方にアドバイスやサポートを頂いた。吉川まりえさん、堀井章子先生、青柳みどりさんには、有志で上映会活動をスタートした頃からお世話になっている。藤原さとさんは、経済産業省の未来の教室の実証事業やLearn by Creationの立ち上げといった大きな企画を共に立ち上げてくれた。

常識にとらわれず、学びを子ども視点で考え続けていらっしゃる孫泰蔵さんにはミネルバ大学とのサマープログラムの立ち上げや、先端教育分野の探究活動で大変お世話になった。Learn by Creationも泰蔵さんの支援なしにはスタートできなかった。

Most Likely to Succeedの上映会活動を２０１６年からサポートしてくれている、テッド・ディンタースミス　エグゼクティブプロデューサーには、メディアを通じた対話、フィランソロピストのあり方など社会が教育の改新に貢献できるヒントをいただいた。

本書に登場する数多くの学校の先生方にも大変お世話になった。ＨＴＨのジョン・サントス先生、ジャメル・ジョーンズ先生、ミレニアム・スクールのクリス・バーム前校長、ミッド・パシフィックのポール・ターンブルＣＥＯ、ミネルバ・プロジェクトのベン・ネルソンＣＥＯ、ビーバー・カントリー・デイスクールのピーター・ハットン前校長、横浜創英中学校・高等学校の工藤勇一校長、追手門学院中学校・高等学校の池谷陽平先生、かえつ有明中・高等学校の佐野和之副教頭、広尾学園中学校・高等学校の金子暁副校長先生など、学習者中心の教育を実践される、個性と魅力にあふれた方々である。

FutureEduやLearn by Creationにこれまで関わってくれた仲間全員にもこの場を借りて感謝の意を伝えたい。最初は輪郭がぼんやりしているビジョンが何度となく具体化し、関係者や参加者の方の体験や学びにつながっているのは仲間の皆さんあってのことである。

自分が変わることが変化の一歩だと確信させて頂いた大勢の皆様にも感謝の意を伝えたい。Center for Systems Awarenessのピーター・センゲ先生とメッテ・ミリアム・ボール先生、コンパッショネート・システム思考の日本の伝道者である福谷彰鴻さん、ティク・ナット・ハン僧侶が創設したプラムビレッジ僧侶の皆様、コ・クリエーション（共創）プロセスを使って、地域や社会に大転換を起こすべくチェンジメーカーが集まるコクリ！キャンプに誘ってくださった大田直樹さんと三田愛さん。

変化は自分から始まるというのは過去3年間での最も大きな学びである。

最後に家族に感謝の意を伝えたい。主人と子どもたちの理解とサポートなしには、執筆前の多くの海外出張を含め、本書の実現はなかった。執筆のピークと新型コロナの休校が重なったことで、正に家族全員で乗り切るプロジェクトとなった。

民主主義の根幹を成すのは対話の文化である。新たな学びを創る対話のヒントとして本書を活用いただけると幸甚である。

2020年7月

筆者

引用文献

Warren Berger (2014). *A More Beautiful Question: The Power of Inquiry to Spark Breakthrough Ideas.* New York, NY: Bloomsbury USA（邦訳『Q思考——シンプルな問いで本質をつかむ思考法』鈴木立哉訳、ダイヤモンド社、2016）

中央教育審議会（2016）「幼稚園、小学校、中学校、高等学校及び特別支援学校の学習指導要領等の改善及び必要な方策等について」（答申）

John Dewey (1938). *Experience & Education.* New York, NY: Kappa Delta Pi.（邦訳『経験と教育』市村尚久訳、講談社学術文庫、2004）

Angela Duckworth (2016). *Grit: The Power of Passion and Perseverance.* New York, NY: Scribner.（邦訳『やり抜く力 GRIT——人生のあらゆる成功を決める「究極の能力」を身につける』神崎朗子訳、ダイヤモンド社、2016）

Maurice J. Elias, Joseph E. Zins, Roger P. Weissberg, et al. (1997). *Promoting Social and Emotional Learning: Guidelines for Educators.* Alexandria, VA: ASTD.

Daniel Goleman (1995). *Emotional Intelligence: Why It Can Matter More Than IQ,* New York, NY: Bantam Books.（邦訳『EQ——こころの知能指数』土屋京子訳、講談社、1996）

Jeremy Heimans and Henry Timms (2018). *New Power: How Power Works in our Hyperconnected World - and How to Make It Work for You.* Toronto, Ontario: Random House Canada.（邦訳『NEW POWER これからの世界の「新しい力」を手に入れろ』神崎朗子訳、ダイヤモンド社、2018）

Todd Kashdan, Robert Biswas-Diener (2014). *The Upside of Your Dark Side: Why Being Your Whole Self——Not Just Your "Good" Self——Drives Success and Fulfillment.* New York, NY: Avery.（邦訳『ネガティブな感情が成功を呼ぶ』高橋由紀子訳、草思社、2015）

井庭崇編著（2019）『クリエイティブ・ラーニング——創造社会の学びと教育』（慶應義塾大学出版会）

David A. Kolb (2014). *Experiential Learning: Experience as the Source of Learning and Development (2nd edition).* Upper Saddle River, NJ: Pearson FT Press.

Sylvia Libow Martinez, Gary S. Stager (2013). *Invent To Learn: Making, Tinkering, and Engineering in the Classroom.* Torrance, CA: Constructing Modern Knowledge Press.（邦訳『作ることで学ぶ―Makerを育てる新しい教育のメソッド』阿部和広訳、オライリージャパン、2015）

Walter Mischel (2014). *The Marshmallow Test: Mastering Self-Control.* New York, NY: Little, Brown.（邦訳『マシュマロ・テスト——成功する子、しない子』柴田裕之訳、早川書房、2015）

内閣府（2018）「平成30年度年次経済財政報告」

Todd Rose (2016). *The End of Average: How We Succeed in a World That Values Sameness.* New York, NY:HarperOne.（邦訳『平均思考は捨てなさい——出る杭を伸ばす個の科学』小坂恵理訳、早川書房、2017）

Laurence Steinberg (2015). *Age of Opportunity: Lessons from the New Science of Adolescence.* New York, NY: Eamon Dolan/Houghton Mifflin Harcourt.（邦訳『15歳はなぜ言うことを聞かないのか——最新脳科学でわかった第2の成長期』阿部寿美代訳、日経BP、2015）

Frederick Winslow Taylor (1911). *The Principles of Scientific Management.* New York, NY:Harper & Brothers.（邦訳『新訳　科学的管理法』有賀裕子訳、ダイヤモンド社、2009）

Paul Tough (2012). *How children succeed : grit, curiosity, and the hidden power of character.* Boston, MA: Houghton Mifflin Harcourt.（邦訳『成功する子 失敗する子——何が「その後の人生」を決めるのか』高山真由美訳、英治出版、2013）

山地啓司編著（2005）『子どものこころとからだを強くする』（市村出版）

Judith T. Witmer and Carolyn S. Anderson (1994). *How to Establish a High School Service Learning Program.* Alexandria, VA: ASTD.

著者略歴

竹村詠美 Emi Takemura

一般社団法人 FutureEdu 代表理事
一般社団法人 Learn by Creation 代表理事
Peatix.com 共同創設者・アドバイザー
慶応義塾大学経済学部卒業、ペンシルバニア大学MBA、同国際ビジネス修士。マッキンゼー米国本社やアマゾン、ディズニーの日本法人など外資系7社を経て、2011年Peatix.comを共同創業。マーケティング責任者やアジア代表を歴任。グローバルなビジネス経験を生かした教育活動に取り組み、全国で教育ドキュメンタリー上映・対話会や国際教育イベント「Learn by Creation」を主催し、教員研修も行うほか、総務省情報通信審議会委員なども務める。2児の母。

新・エリート教育

混沌を生き抜くために つかみたい力とは?

2020年7月22日　1版1刷
2021年4月6日　　2刷

著　　者　竹村詠美

発 行 者　白石 賢
発　　行　日経BP
日本経済新聞出版本部
発　　売　日経BPマーケティング
〒105-8308 東京都港区虎ノ門4-3-12
装　　丁　鯉沼恵一(ピュープ)
印刷・製本　中央精版印刷
組　　版　キャップス
ISBN978-4-532-32346-2

本書籍に関するお問い合わせ,ご連絡は下記にて承ります。
https://nkbp.jp/booksQA
Printed in Japan